于涛 著

三國前傳

汉末群雄天子梦

修订本

山西出版传媒集团
山西人民出版社

图书在版编目（CIP）数据

三国前传：汉末群雄天子梦 / 于涛著. -- 太原：山西人民出版社，2024.10
ISBN 978-7-203-13367-4

Ⅰ.①三… Ⅱ.①于… Ⅲ.①中国历史－三国时代－通俗读物 Ⅳ.① K236.09

中国国家版本馆 CIP 数据核字（2024）第 094896 号

三国前传：汉末群雄天子梦

著　　者	于　涛
责任编辑	崔人杰
复　　审	魏美荣
终　　审	梁晋华
装帧设计	陆红强

出 版 者	山西出版传媒集团·山西人民出版社
地　　址	太原市建设南路 21 号
邮　　编	030012
发行营销	0351-4922220　4955996　4956039　4922127（传真）
天猫官网	https://sxrmcbs.tmall.com　电话：0351-4922159
E-mail	sxskcb@163.com　发行部 sxskcb@126.com　总编室
网　　址	www.sxskcb.com
经 销 者	山西出版传媒集团·山西人民出版社
承 印 厂	北京汇林印务有限公司
开　　本	870mm×1120mm　1/32
印　　张	10
字　　数	200 千字
版　　次	2024 年 10 月　第 1 版
印　　次	2024 年 10 月　第 1 次印刷
书　　号	ISBN 978-7-203-13367-4
定　　价	68.00 元

如有印装质量问题请与本社联系调换

特别说明：本书是 2006 年中华书局版《三国前传——汉末群雄天子梦》的修订本。

目录

一、继位之争
谁来做天子：混乱的开始 …………… 003
名士入府：意欲何为 …………………… 008
大将军的苦恼：杀不杀宦官 ………… 013

二、路在何方
除患：曙光初现 ……………………… 027
矛盾：士大夫的分化 ………………… 031
路在何方：自强的出路是武装 ……… 037

三、武人崛起
武人的士人化：尴尬的单相思 ……… 045
忠君：皇甫嵩的底线 ………………… 046
失控：董卓的自我解放 ……………… 048
非常之举：废少立献 ………………… 056

四、关东联盟

暂避锋芒：曲意合作的真相 ………… 067

不思进取：兴兵赴国难却因势利散 … 073

迁都与招安：被抛弃的雒阳旧臣 …… 082

五、生存还是死亡

角色转变：从清流到地方实力派 …… 091

弄潮儿：机关算尽总是空 …………… 095

客死他乡：生的惨淡与死的无奈 …… 097

六、旧都浮尘

行刺：孤立无援中的自救 …………… 105

杀贼：王允下出的一步险棋 ………… 109

单相思：满天乌云浑不知 …………… 112

七、奉天子

和解：献帝地位的再认识 …………… 125

履约：曹操通使长安 ………………… 133

东归：机不可失，时不再来 ………… 135

八、新朝廷
军府:割据政权的新形式 …………… 149
建国:军府的朝廷化 …………… 159
附庸:被架空的许都汉廷 …………… 173

九、反扑
衣带诏的有无:天子的威力 …………… 187
效忠与背叛:荀彧之死 …………… 195
暴动:低龄化的政变者 …………… 207

十、花落谁家
榜样:自明本志的弦外音 …………… 213
候选人:机会均等 …………… 220
比试:兄弟争储 …………… 228
谁主沉浮:太子党在行动 …………… 239

十一、禅让
樊城之围:三家斗法 …………… 255
曹操与黄巾:太平理想与天下大业 … 267

校弦定音：汉魏政权交接 …………… 281

本书大事记 ………………………… 303
参考文献 …………………………… 309

一 继位之争

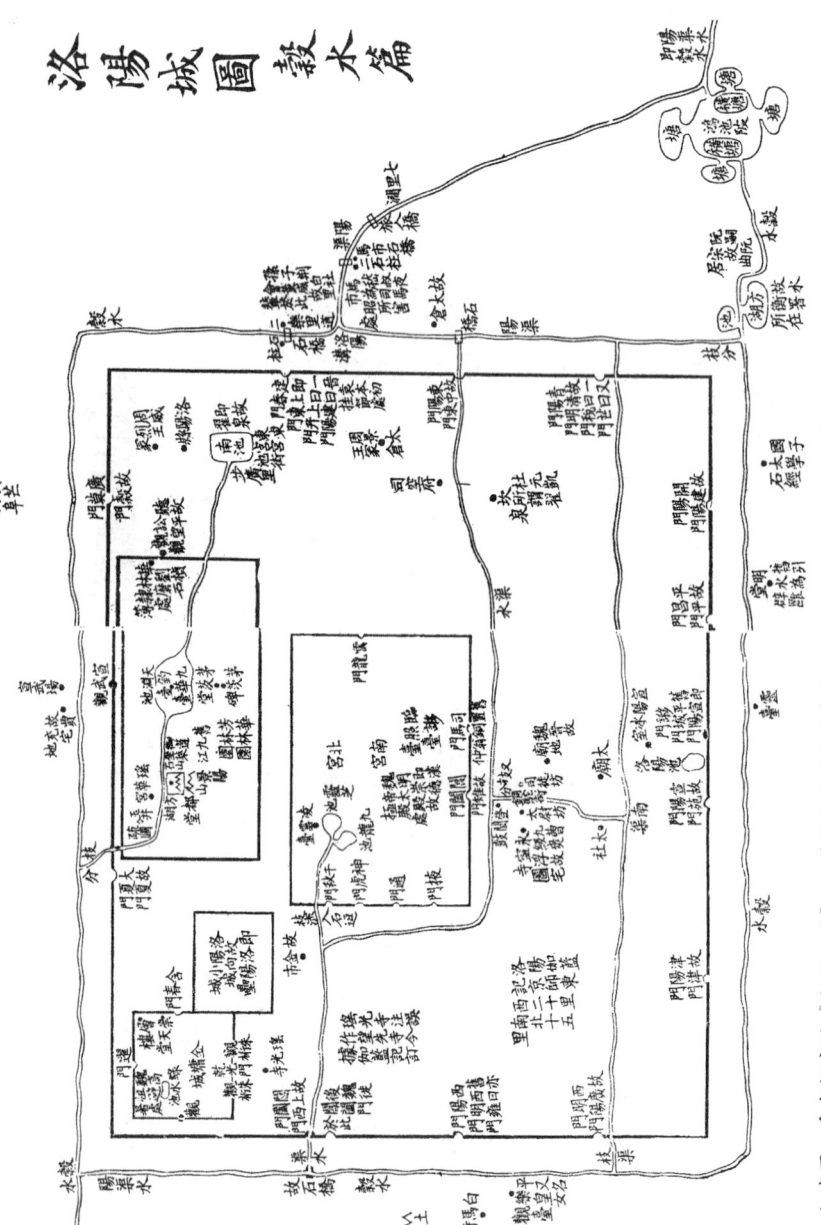

洛阳城图，采自杨守敬《水经注图》。目前所见最新东汉都城及南北两宫复原图见钱国祥《东汉洛阳都城的空间格局复原研究》，《华夏考古》2022 年第 2 期。

谁来做天子：混乱的开始

东汉中平六年夏四月丙辰，雒阳，南宫长乐宫嘉德殿。[1]   189年5月13日

三十四岁的东汉皇帝刘宏在母亲董皇后的寝宫嘉德殿中度过了他生命的最后一段时光。除了董皇后，陪侍在皇帝身边的还有一名宦官——小黄门蹇硕。据说在皇帝弥留之际，蹇硕从皇帝手中接过了遗诏。遗诏是否关涉新君继立，蹇硕没有及时公布。

皇帝驾崩，新君继立，国祚延续，大行赴山陵，在新君的主持下，还要给先皇一个高度精练的评价，以谥号的

---

[1] 25年11月27日，刘秀定都洛阳，改洛为雒，以示汉德为火。自此，东汉南宫开始营建。到60年，东汉第二任皇帝，刘秀第四子刘庄开始建设北宫，耗时六年，北宫建成。南北宫之间有复道相连，东汉末年曾做过卫尉的蔡质，他是大名士蔡邕的叔父，对复道做过较为细致的描述："南宫至北宫，中央作大屋，复道，三道行，天子从中道，从官夹左右，十步一卫。两宫相去七里。"见《后汉书》卷一上《光武帝纪》注引蔡质《汉典职仪》。关于两宫规模，可见钱国祥《东汉洛阳都城的空间格局复原研究》，《华夏考古》2022年第3期。长乐宫，按汉制，是专属皇帝生母的寝宫，熟稔汉家制度的应劭就有这样的记载："帝祖母称长信宫，帝母称长乐宫。"见《后汉书》卷一〇下《皇后纪下》注引《汉官仪》。

形式[1]，烙下前朝专属标记。所有的这一切，都刻不容缓。

然而，新君继立谈何容易！

刘宏作为东汉第十二任皇帝，较之前任，他还算幸运[2]，有两位皇子存活下来：老大刘辩，中平六年已经十七岁[3]，生母何皇后，屠家女，妒妇。老二刘协，王美人所生，美人不仅人美，而且能写会算，大家闺秀，深得皇帝宠爱。自从她身怀六甲，便招惹上了何后。何后千方百计要打掉王美人腹中的胎儿，没想到胎儿不屈不挠，顽强地来到这人世间，直接导致何后妒性爆棚，鸩杀王美人。刘协被刘宏生母董皇后收养，中平六年九岁。

将王美人之死归咎于何后的妒性，只不过是为保全何后的托辞而已，其背后所隐藏的就是新君继立的利益链条。东汉自第四任皇帝和帝以降，太子继位的法则难以维系，取而代之以新规则，南朝宋人范晔在其编撰的《后汉书》中，对此做出了精辟的提炼和分析，所谓："东京皇统屡绝，权归女主，外立者四帝，临朝者六后，莫不定策帷帟，委事父兄，贪孩童以久其政，抑明贤以

---

[1] 刘宏的谥号是灵，《后汉书》卷八《孝灵帝纪》注引《谥法》："乱而不损曰灵。"后世走了何种程序给了刘宏这个恶评，尚不得而知。
[2] 东汉自和帝以后，皇帝缺子常态化，外藩入继，皇统紊乱，参见篇末所附《东汉和帝以降帝系表》。
[3] 《资治通鉴》卷五九记为十四岁，据《考异》所言，系取材于张璠《汉纪》。可备一说。

专其威。"[1]范氏的分析,要点有三:

谁来做新君,前朝的皇后,也即当朝的太后说了算;

选择新君的标准只有一条,即以孩童为宜;

参与新规则运行的限定为女主的父兄,即外戚。但在实际运行的过程中,还需补充一方势力,那就是依附于女主的宦官[2]。

新规则构成了由女主、小皇帝、外戚、宦官彼此依存的皇权复合体。在百余年间,复合体在利用皇权寻租的过程中,毫不掩饰其贪婪的本质,以隔绝、打压贤良政治为能事,真正做到了无法纪、无廉耻、无边界。[3]复合体稳固的核心就是皇帝要小,小皇帝要是有了与年龄不相符的认知,随时可以被替换掉。[4]至于何后杀王美人,为确保

---

[1]《后汉书》卷一〇上《皇后纪序》。

[2] 在东汉新君继立中,宦官也曾作为一支独立的政治力量,于125年12月16日夜拥戴废太子刘保,反杀成功,刘保时年十一岁。

[3] 东汉末年的有识之士对于这个黑暗时代进行了批判式的反思,其代表人物仲长统在《昌言》中说:"权移外戚之家,宠被近习之竖,亲其党类,用其私人,内充京师,外布列郡,颠倒贤愚,贸易选举,疲驽守境,贪残牧民,挠扰百姓,忿怒四夷,招致乖叛,乱离斯瘼。"见《后汉书》卷四九《仲长统传》引《昌言·法诫篇》。曹丕亦有言:"桓灵之际,阉寺专命于上,布衣横议于下;干禄者殚货以奉贵,要名者倾身以事势;位成乎私门,名定乎横巷。由是户异议,人殊化;论无常检,事无定价;长爱恶,兴朋党。"见《典论》,《全三国文》卷八。

[4] 九岁的质帝当着朝臣的面,说大将军梁冀是"跋扈将军",遂遭梁冀鸩杀。事见《后汉书》卷三四《梁冀传》。

刘辩成为唯一合法的新君，也就不足为奇。这也从一个侧面证实了一直以来后宫少子应源自人祸，而非天谴。

何后杀王美人后，赖得宦官襄助，集资千万，在皇帝面前求情，力保何后。[1]刘宏爱钱，是他母亲手把手培训出来的。[2]经过培训，在他眼里，一切都可以作为商品售卖，卖官鬻爵也不在话下。官大官小，明码标价，为体现"公平"，他还会为德高望重者打个折扣。[3]看在钱的分上，皇帝饶了皇后一命。宦官舍财保后，是在为未来的收益加注，赌的是何后会成为未来的何太后，成为他们在未来皇权复合体中的靠山。

然而，何后能否成为太后，还真不好说。刘宏对幸存

---

[1] 这段往事来自大宦官张让的回忆，他说："先帝（指刘宏）尝与太后（指何后）不快，几至成败，我曹涕泣救解，各出家财千万为礼，和悦上意。"见《后汉书》卷六九《何进传》。

[2] 在董后入京前，民间童谣就称："河间妊女工数钱，以钱为室金为堂，石上慊慊舂黄粱。梁下有悬鼓，我欲击之丞卿怒。"这河间妊女就是董后，她爱钱已经是天下尽知的事情了。见《后汉书》卷八《孝灵帝纪》注引《续汉志》。

[3] 《后汉书》卷八《孝灵帝纪》："初开西邸卖官，自关内侯、虎贲、羽林，入钱各有差。私令左右卖公卿，公千万，卿五百万。"又西晋乐资《山阳公载记》："时卖官，二千石二千万，四百石四百万，其以德次应选者半之，或三分之一，于西园立库以贮之。"在实际操作中，买官者第一步要贿赂宦官，第二步要溢价才能成交，曹操的父亲曹嵩花钱做太尉，就是最好的例证："嵩，灵帝时货赂中官及输西园钱一亿万，故位至太尉。"见《后汉书》卷七八《宦者列传》。

下来的大儿子刘辩没有好感，对于小儿子则疼爱有加，取名协，那就是长得像自己的意思。[1]刘协为董后收养，董后除了痴迷于金钱外，对参政也有着执念。受制于藩妃的身份，她做不了太后，无法在儿子的朝堂上施展拳脚。而小刘协，则让她重燃了希望之火。在刘宏生前，董后一再要求立刘协为太子。一旦成真，董后或可成为最大的赢家，以太皇太后的身份，成为天下之主。为此，董后也做了必要的准备，在前一年安排自己的侄子董重升任骠骑将军，构建属于自己的皇权复合体必要的一环。明眼人一眼就看出，这就是要和何后分庭抗礼，毕竟何后那边早就配备了自己的异母兄长何进，何进于中平元年出任大将军，位极人臣。

中平五年，即188年

184年

在董、何二后暗地里较劲的时候，皇帝刘宏"及时"驾崩。谁会成为最终的赢家，转瞬就进入冲刺阶段。刘宏显然也顾及了自己的身后事，他把宝全押在了宦官蹇硕身上。

在董重升任骠骑将军前，"壮健而有武略"[2]的蹇硕被皇帝委以重任，成为新组建的中央禁卫军西园军的统帅。西园是刘宏金库所在，任其担任统帅，可见皇帝对其的期望有多高。西园军设八校尉，其中就有即将要在新时代中

---

[1]《后汉书》卷九《孝献帝纪》注引张璠《汉纪》："灵帝以帝似己，故名曰协。"
[2] 见《后汉书》卷六九《何进传》。

一、继位之争 / 007

绽放异彩，塑造新时代灵魂与精神的关键人物——袁绍和曹操。[1]在军事指挥上，蹇硕也被赋予了特权，大将军何进也要听命于他。有了新军的加持，董后、董重、蹇硕组合的权势，炙手可热，当朝最强。而弱化何氏，就是皇帝有意为之。

在皇帝驾崩后，董后、蹇硕又成为遗诏受托人和执行者，刘协就是新君的不二人选，应无悬念了吧！

然而，董后他们却严重低估了大将军何进的力量。

名士入府：意欲何为

在通常人看来，如此形势之下，何进这个屠家子又会有多大的作为呢？他因其异母妹的入宫受宠而平步青云，做了大将军，封了侯，有权有势。但与其妹在宫内的生活不同的是，他在宫外要处理许多繁杂的事务，这恐怕是他从未想过的。此时的雒阳又与前大不相同。在中平元年三月壬子皇帝颁发诏令，大赦天下党人，东汉历史上著名

184年4月5日

---

[1] 西园军的建制，以《后汉书》卷七四上《袁绍传》注引乐资《山阳公载记》为详："小黄门蹇硕为上军校尉，虎贲中郎将袁绍为中军校尉，屯骑校尉鲍鸿为下军校尉，议郎曹操为典军校尉，赵融为助军左校尉，冯芳为助军右校尉，谏议大夫夏牟为左校尉，淳于琼为右校尉。凡八人，谓之西园军，皆统于硕。"《三国志》卷六《袁绍传》亦以袁绍为中军校尉，《后汉书》卷七四上《袁绍传》记袁绍为佐军校尉，误。

的政治灾难——党锢之祸宣告结束。雒阳城中的各官署异常热闹起来，朝廷征辟的任命一道道发向州郡，被禁锢的党人开始陆续返回朝堂。需要指明的是，壬子令并非是皇权复合体对其及前朝政治失误所做出的检讨，并以此为契机，要做一次彻底的革新，扭转帝国疲弊。事实上，它是皇权复合体因为害怕党人投靠黄巾，不得已而做出的决定[1]。

党人得以自由。外戚大将军何进也要跟上潮流。据记载，何进执政期间，共招揽海内名士二十余人，他们是：袁绍、伍孚、荀爽、荀攸、陈寔、王允、郑泰、华歆、孔融、申屠蟠、王谦、刘表、王匡、鲍信、蒯越、陈琳、郑玄、何颙、逢纪、边让、董扶、张纮等。其中可确认其党人身份者有：荀爽、陈寔、王允、孔融、申屠蟠、刘表、郑玄、何颙等八人。刘表是当年党人中的重量级人物，名列"八及"之一[2]。"及"的意思是能为人表率，是人们可以效仿的对象。"八及"之上还有"三君""八俊"和"八顾"。"君"为宗师，"俊"是精英，"顾"是道德楷模。"八及"之下还有"八厨"，"厨"是乐善好施，能以钱财救人。

---

[1]《后汉书》卷八《孝灵帝纪》注引大宦官吕彊的话，揭露了壬子令的本质："党锢久积，若与黄巾合谋，悔之无救。"
[2] 刘表在党人中的地位，有乡里声望和天下声誉之别。乡里声望，为八交、八顾之一，见《三国志》卷六《刘表传》注引张璠《汉纪》。八及，则为天下声誉，见《后汉书》卷六七《党锢列传序》。

然而，时过境迁，劫后余生的党人名士是否还会有明确的政治目标来校正帝国的方向？党人的节义之气经过党锢的消磨是油尽灯枯，还是能草长莺飞……

党人与宦官之间的仇恨，不会因为壬子令而冰释前嫌。党人的回归，是一种流行性的装点，他们似乎更愿意成为旁观者。你可召我回，我已无意与你共进退。拒绝服务，是受召党人名士近乎一致的爱惜羽毛式的选择。名儒郑玄入大将军府，何进为其设"几杖"，行敬老之礼，何其隆重！郑玄并不以为然，人来了，就算给足了何进的面子，至于做官，还是算了吧！[1]何进此番招揽海内名士，只是一个面子工程。何氏与宦官是利益共同体，这是不争的事实。何进弟、车骑将军何苗在回顾发家史时，就着重强调了宦官对何家的恩惠。[2]更何况，宦官舍财保下何后，那是多大的一份人情！又有谁会相信何进会因为党人名士的入府，洗心革面，与宦官为敌？

宦官依旧，党人消沉。如此这般，竟无别解？

其实不然。郑玄所代表的只是回归党人中的知识精英。此外，还有一批党人革命者，他们入府就是要借助何进，蓄谋实现惊天变革。而党人革命者虽然相中了何进的

---

[1]《后汉书》卷三五《郑玄传》："玄不受朝服，而以幅巾见。一宿逃去。"

[2] 何苗讲："始共从南阳来，俱以贫贱，依省内以致贵富。"见《后汉书》卷六九《何进传》。

力量，选定的变革领袖却是非党人袁绍。

袁绍，字本初，汝南汝阳（今河南周口）人。他是刘宏朝司空袁逢庶子。正因为此，袁绍的异母弟袁术很是看不起他，说袁绍"非袁氏子"，是"吾家奴"[1]。袁绍后来被过继给袁逢的兄长袁成。袁绍出身的这汝南袁氏，是东汉著名的政治世家，从袁绍高祖袁安为东汉章帝、和帝二朝司徒算起，袁安子袁敞为安帝时司空，袁安孙袁汤为桓帝时太尉，袁汤子袁逢为刘宏朝司空，袁逢弟袁隗为司徒，"四世五公"[2]，"势倾天下"[3]。袁氏之所以能成为东汉政坛的常青树，除去家学渊源，政治上有所建树外，还有其依附时势的一面：与外戚结交，像袁绍的养父袁成，就是"跋扈将军"梁冀的好友，当时在京师就流传着这么一则谚语："事不谐，问文开（袁成字文开）。"[4]借助梁冀的势力，袁成没有什么办不了的事情；与宦官又有一层亲缘，中常侍袁赦是袁氏宗族中人，袁氏也乐得认下这门亲戚，在政治上可以相为表里。依附时势，彼此交织，在政治风浪中的袁氏便可左右逢源。

有这样的家世，袁绍完全可以悠然地过着公子的生活。那时在雒阳公子圈中，呼朋唤友，飞鹰走狗，任侠仗

---

[1]《后汉书》卷七五《袁术传》。
[2] 语出臧洪，见《三国志》卷七《臧洪传》。
[3]《三国志》卷六《袁绍传》。
[4]《三国志》卷六《袁绍传》注引《英雄记》。

一、继位之争 / 011

气,很是流行。袁绍一度也是这样打发时光的。但是,他很快就有了"另类"的举动。在繁华的雒阳城中,袁绍过上了"隐居"的生活。他的"隐居"不是与世隔绝,依旧可以接待宾客,只是对于来访者的身份做出了要求:"非海内知名,不得相见"[1]。切莫以为这是袁绍年少轻狂,这可是袁绍设计的声名速成术。果不其然,袁绍受到了人们的追捧,士无贵贱,争赴其庭,"辎軿柴毂,填接街陌"[2]。中常侍赵忠看到这一街景,不由得满腹狐疑,不禁要问:"袁本初坐作声价,不应呼召而养死士,不知此儿欲何所为乎?"[3]

袁绍没让宦官太费心思,就应了呼召,入何进大将军府为吏,重新步入政坛。在西园军组建时,成为西园军八校尉之一的中军校尉。虽为新军中坚,袁绍依旧与何进过从甚密,何进更是把他视为得力的助手。也正是在袁绍的引介之下,逄纪、何颙、荀攸等人成为何进的智囊。尤其是何颙,南阳襄乡(今湖北枣阳)人,早早成名,与桓灵时的政要大员李膺、陈蕃是好友。在党锢发生时,他就成为宦官要重点清除的党人。为了免受迫害,何颙亡命江湖。但他并不像其他流亡党人那样,藏匿起来,不问世事,何颙有意去结交地方豪杰,成为党人中有着变革要

---

[1]《三国志》卷六《袁绍传》注引《英雄记》。
[2]《后汉书》卷七四上《袁绍传》。
[3]《三国志》卷六《袁绍传》注引《英雄记》。

求的革命者。就在袁绍为父母服丧期间，何颙来到汝南，二人得以相识，并且组成了一个六人的秘密团体，史称："奔走之友"[1]。除袁、何二人外，还有东平寿张（今山东东平）人张邈，著名党人，名列"八厨"；南阳人许攸，智谋之士，曾经参与了一次未遂的谋刺灵帝的行动，此事详见后述；汝南人伍孚，侠客，"质性刚毅，勇壮好义，力能兼人"[2]；还有一位吴子卿，事迹不详。袁绍回到雒阳，何颙也多次潜伏回京，"从绍计议"[3]，他们之间究竟谈了些什么？又要做什么呢？

在灵帝驾崩之后，何进遭遇蹇硕的挑战，袁何之谋随即浮出水面，何颙、伍孚已入府，成为大将军的智囊，变革即将开始，党人名士要革宦官的命！

那么，何进究竟遭遇了蹇硕怎样的挑战呢？

大将军的苦恼：杀不杀宦官

灵帝驾崩当日，蹇硕即以商讨后事的名义召何进入宫，决计除掉何进，拥立刘协为新君。听闻皇帝驾崩，何进也无暇多顾，进宫便是。入宫后，突有故人"迎而目

---

[1]《三国志》卷六《袁绍传》注引《英雄记》。
[2]《后汉书》卷七二《董卓传》注引谢承《后汉书》。
[3]《三国志》卷一〇《荀彧传》注引张璠《汉纪》。

之"[1]，分明是在示警，何进这才发现危机四伏，慌忙抄小路出宫，紧急调动军队，进驻宫城以东的百郡邸，设置警戒。对外宣称染病在身，说什么也不进宫了。

蹇硕率先发难，看似牢不可破的何氏与宦官之间的友谊出现了裂隙。袁绍随即借何进身边亲信之口向何进提出了一项"除患"计划："黄门常侍权重日久，又与长乐太后（指董后）专通奸利，将军宜更清选贤良，整齐天下，为国家除患。"[2]这应是袁何密谋的内容。在蹇硕的压力下，何进听明白，也听进去了。

方案一

可是，蹇硕、董后、董重竟然没了动静。对于何进极具威胁的新军，哑火了。

下一步？在紧张焦虑中，等到的是：

189年5月15日

四月戊午，帝国在经历了两日无君的真空期后，作为嫡长子的刘辩，毫无争议地即皇帝位。何后临朝，称呼也就改为皇太后。大赦天下。改元光熹。稍后，新君颁布诏书，任命袁绍的叔父袁隗为太傅，与大将军何进共同辅政。传说中的遗诏直到这时还未展现真容。当年舍财保后的宦官们赢了。董后一系落败。

没有预想的你死我活，刀光剑影，就这样实现了天下整齐。武装到牙齿的何进应该感到很意外。突然间的胜利，让何进动力全无。偏偏就在这时，两日前被何进

---

[1]《后汉书》卷六九《何进传》。
[2]《后汉书》卷六九《何进传》。

认定的"患"——蹇硕又跳将出来，转寻同僚结盟，以书信的形式将袁何密谋、何进意图公开，并炫耀了自己的武力，目的就是要制造宦官群体与何进、党人的对立，从而翻盘[1]。

但是，出于对目前大势的研判，谁又会相信蹇硕呢？在逐利的同僚眼中，蹇硕已无价值。为加深与何氏的友谊，取得何氏的完全信任，大宦官们将书信交与何进，蹇硕任由处置，宦官群体坚定地站在何氏一边。这就是宦官群体的态度。

四月庚午，灵帝驾崩后十四天，新君即位第十二天，蹇硕被抛弃。抛弃的方法简单而粗暴，黄门令奉大将军之命，缉拿蹇硕。信誓旦旦地认为掌握军权，就可以左右一切的新军统帅蹇硕终于还是不堪一击，丢了性命。清算董后一系，随之成为何进的工作任务。在何进、何太后的政治攻势之下，董后除去逞口舌之快，已无牌

189年5月27日

---

[1] 蹇硕写给同僚的信，有两个版本。一个版本见于东晋袁宏《后汉纪》卷二五《孝灵皇帝纪》下中的记载："大将军兄弟秉国威权，欲与天下党人共诛内官，以硕有兵，尚且沈吟，观其旨趣，必先诛硕，次及诸君。今欲除私仇，以辅公家。"另一版本见于范晔《后汉书》卷六九《何进传》："大将军兄弟秉国专朝，今与天下党人谋诛先帝左右，埽灭我曹。但以硕典禁兵，故且沈吟。今宜共闭上阁，急捕诛之。"

可打。[1]

189年6月7日　　五月辛巳，董重自杀。

189年7月7日　　六月辛亥，董后暴病身亡。

189年7月17日　　六月辛酉，灵帝入葬雒阳西北的文陵。

至此，距离灵帝驾崩已是六十五天。灵帝身后事未如他所愿，其母董后一系遭到何氏、宦官、朝臣的集体打击，死的死，亡的亡，何氏掌控了新一代的皇权复合体。这次终于可以算是天下整齐，大患已除！何进那颗受到惊吓的心终该平复下来了吧！

种种迹象表明，何进对入宫、对宦官还心存余悸。在蹇硕被清除之后，他既未履行入宫陪丧的职责，在辛酉日那天也未去送山陵。在与宦官、何后隔绝的六十五天里，作为当朝首辅，他深陷于党人名士的"重围"中，身边还有"热情似火"的袁绍，在不断地给他灌输着扬名立功的思想，为他树立了"申伯"这样的历史楷模让他去效仿，希望他成为中兴名臣。

显然，何进受到了鼓舞，形势的变化，身份的调整，使心态也发生了变化，他决定重启"除患"计划。只不过，他执拗地认为此计划一定要得到何太后的首肯，才能实施。

---

[1] 何进针对董后所发动的政治攻势，就是指使何苗及三公重臣上奏，将党附董后的宦官一并暴露，并依照汉制，藩后不得留京，请出宫，请出京。而董后大概还做着干政的痴梦，在遭何太后阻止后，因怨生恨："汝今辀张，怙汝兄耶！当敕票骑断何进头来。"见《后汉书》卷一〇下《皇后纪》。

不出意外的是，何太后搬出"汉家故事"，否定了"除患"计划，并对外朝有着党人名士色彩的官僚士大夫们划出内外有别的界限："我奈何楚楚与士人对共事乎？"[1]言外之意，宦官为内，士大夫们为外，内外有别，亲疏有距。这就在皇权复合体逐利的劣性之外，再遭何太后排他性的黑化。

在知晓了太后意见后，何进需要在太后与官僚士大夫之间、皇权复合体的利益与个人的千秋功名之间找到一个平衡点。于是，他拿出了一个折中方案：只杀罪大恶极的宦官。袁绍表示不能接受，他坚持除恶务尽，免生后患。 方案二

这可如何是好！正当何进进退维谷之际，袁绍又祭出升级版的"除患"计划：征召四方猛将豪杰进京，胁迫太后让步，诛除宦官。最初提出"除患"计划时，身为新 方案三军中军校尉的袁绍已经考虑到计划实施中的最大障碍是宦官对京师禁卫军掌控严密，影响太深[2]，尤其是蹇硕又是新军统帅，稍有风吹草动，宦官的反扑必将是致命的。然而，蹇硕表现得不堪一击，京师武装尽归何进麾下，曾经的危险已不复存在，为什么还要引入外军？这成为士大夫官僚们争论的焦点。大家不约而同地表达了不理解，不赞

---

[1]《后汉纪》卷二五《孝灵皇帝纪》下，《后汉书》卷六九《何进传》。
[2] 最能体现这一现象的就是在二十二年前，灵帝刚入继大统时，即建宁元年九月辛亥，宦官发难，禁卫军失控，党人领袖大将军窦 168年10月25日武、太傅陈蕃被害。

同，认为其实属画蛇添足之举[1]。甚至对外军入京可能导致的混乱局面，做出了预判："大兵聚会，强者为雄，所谓倒持干戈，授人以柄，功必不成，只为乱阶。"[2]未来堪忧！大家的忧虑也集中在一位外军将领上，他就是董卓，此人桀骜不驯，狡诈凶残，以致有人因他要入京而辞官避乱。

在大家的质疑声浪中，征召外军的命令还是下达了，升级版的"除患"计划开始实施。至于召哪些外军，究竟是些什么人，有多大实力，忠诚与否，估计何进不会放在心上，那都是计划制定者——袁绍应该考虑的事情。视野所及，要征召的四方猛将豪杰大致有九支，他们是：

1. 原前将军、新任并州牧董卓，下辖三千凉州军，随其赴任。

2. 原并州刺史、武猛都尉丁原，下辖并州军，数千人。

3. 东郡太守桥瑁，辖东郡兵，具体人数不详。

4. 袁绍，私募兵，千余人。

5. 大将军府掾王匡，奉命前往徐州，征调徐州兵之弩兵，五百人。

6. 原丁原从事、西园军假司马张杨，奉命还并州募兵，募得千余人。

---

[1] 目前所见发表意见的有：大将军主簿陈琳、新军典军校尉曹操、尚书卢植、侍御史郑泰。
[2]《后汉书》卷六九《何进传》。

7.原丁原从事张辽,奉命前往河北募兵,募得千余人。

8.骑都尉鲍信,奉命前往泰山郡募兵,人数不详。

9.都尉毌丘毅,奉命前往丹杨募兵,人数不详。刘备参与了此次募兵。

前三支外军,已成建制,距离雒阳较近,且接到的命令应该十分明确:董卓部进驻雒阳以西的上林苑,此处居于雒阳西出的孔道之上,稍往西去,即为雒阳通往关中的门户函谷关;丁原部布防河内,扼守雒阳以北黄河关津;桥瑁部自东郡开进至河南成皋,控制雒阳东出关隘。可见,三军在必要时,会对雒阳进出交通实施管制,实现对雒阳的封锁。

另外,从董卓、丁原部的表现看:董卓于东进途中上书朝廷,直陈以张让为代表的宦官"浊乱海内",亮出"清君侧""清奸秽"的大旗。[1]丁原同样也上书要求诛杀宦官,只是,他所认为的宦官头子是赵忠。更为火爆的是,他还自编自导了一场闹剧:他命令自己的兵卒装扮成匪徒的模样,自称"黑山伯",把黄河沿岸渡口的官舍民宅,一把火都烧了,火光冲天,在雒阳城中都能看见。[2]

---

[1] 此次董卓受命上书,《三国志》卷六《董卓传》所记为简版,《后汉书》卷七二《董卓传》所记为详:"中常侍张让等窃倖承宠,浊乱海内。臣闻扬汤止沸,莫若去薪;溃痈虽痛,胜于内食。昔赵鞅兴晋阳之甲,以逐君侧之恶人。今臣辄鸣钟鼓如洛阳,请收让等,以清奸秽。"

[2] 见《后汉书》卷七三《公孙瓒传》注引司马彪《续汉书》。

无论是上书，还是演戏，都证明他们接到的命令中除了军事布防，还有制造声势，以达到胁迫的政治要求。这也是入京合法性的依据所在。至此，升级版"除患"计划的实施不可谓不缜密，一切也都在掌控中。三军显然就是计划实施的主角。

第四支有些特殊。当初赵忠对袁绍产生怀疑，其中一点就是袁绍"养死士"，这批死士应该成了袁绍的私募兵，私募兵中或许还有"奔走之友"联络的民间力量。总之，千余私募兵由袁绍独立指挥，他们埋伏于雒阳城外，可以作为实施计划的机动部队。

其他五支，皆为临时募兵，募兵大员皆侠肝义胆，就此特点看，与"奔走之友"有契合之处，亦可作为袁绍确定人选的佐证。他们募兵的方向不同，距离雒阳远近有殊，离京有日，归期不定。相较董卓、丁原、桥瑁三军，这五支未成之军，更像是袁绍撒向州郡的种子，"除患"计划的预备队。他们的作用还有待于继续观察。

董卓部的快速推进，丁原部的倾情演出，京师豪杰四出募兵，他们所传递出的压力，何太后、宦官们都真实地感受到了。他们又会做些什么呢？

宦官习惯性地把压力转移给太后，太后习惯性地把压力转移给大将军。升级计划预设的结果是太后在受到惊吓后，会做出让步，舍弃对宦官的庇护。可是，预设的结果变成了压力转移，从起点回到了起点。大将军明显出现动摇，乃至倒退。他派出一位信使，持诏去阻止已经行进到渑池的董卓部。而此位信使也大有来头，他叫种劭，提起他的祖父种暠，那在凉州可是家喻户晓的好官。此番动用种劭，大将军是用了心，就是要凭借种家的清誉，有效实现对凉州军的却阻，绝非做做表面文章。比起除患，大将军更愿意保宦官周全。

此时，袁绍第四次更新"除患"计划，在继续保持外军压力的同时，自己从幕后走向了前台，出任司隶校尉，假节，专命击断。司隶校尉对百官本就拥有超强的纠察权，再加上假节和专命击断，也就意味着这位新任司隶校尉会在任何他认为的非常状态下，对纠察对象采取非常措施。而在目前这种特定时期，纠察对象也只能是宦官了。袁绍下令，要求属下官吏立即着手收集宦官违法乱纪的事实。为配合袁绍工作，袁绍异母弟虎贲中郎将袁术挑选出两百亲信虎贲入值宫中，取代原本由宦官值守的重要门户；与张让有着积怨的党人名士王允也离开大将军府，出任河南尹；丁原也从城外进入城内，升任执金吾，负责京师治安。外有封堵，内有执法，一张大网撒开，宦官已无所遁形。而袁绍转入前台，原本入大将军府的党人名士们纷纷出府，各就各位，具有士大夫官僚们开始舍弃外戚大将军，谋求主导计划最终达成的意义。

面对雒阳城内紧张形势的加剧，太后做出让步，宫内除保留何进党羽，维持日常外，将其他大小宦官统统"赶出"宫，各回各在雒阳城内的家。离宫后的众宦官来到大将军府请罪，希望通过面对面的沟通来实现谅解，化解此次危机。大将军也是无可奈何,只得友情提示一下:要想保命,就赶紧跑,跑得越远越好。可是,雒阳城内纠察日密,东西封堵,但凡是离开了宫城,哪里都不会安全!

袁绍认为除患时机已到,大将军却下不了最后的决心。而太后又生变故,在宦官的请托之下,太后收回成命,宦官们又回到了宫城,安全的堡垒。

方案五　袁绍再为"除患"计划增添新的内容:以大将军的名义,向各州郡发出文书,要求各地缉捕宦官亲属。而伪造文书制造合法性的方式,日后会成为地方实力派、割据诸侯通常使用的手段,频繁出现。袁绍的临时随宜之举,开启了打倒旧皇权、重造新皇权的大门。

在以党人名士为主体的士大夫官僚一步步的压迫之下,加之大将军何进的不作为,宦官的承受力被击穿,他们要孤注一掷!

189年9月22日　八月戊辰,距离上一次入宫一百三十三天,何进鼓足勇气迈进南宫,去面见何太后。何进入宫的消息,一下子惊了众宦官,装病装了这么长时间,今日入宫,意欲何为?难道窦武事件要重演?大宦官张让立马派人前去听墙根,传来的消息是:"尽诛中常侍以下。"

张让彻底"破防",脆弱的神经已无法承受这一而再再而三的惊吓,他迅疾做出反应,组织数十名宦官,经武装之后,潜入长乐宫埋伏,等到何进出宫之时,便假传太后有诏,召何进回转,何进随即被宦官控制。张让对何进进行了最后的"审判"加之灵魂拷问[1],随后何进被尚方监剑斩于嘉德殿前。嘉德殿,灵帝驾崩之处。

宦官一剑,发泄了他们的满腔怨怒,换来的将是党人名士们猛烈的刀林剑雨,积年的仇恨将在殷红的血流中漂去。硝烟散尽,是残局难复,还是中兴有望?

---

[1]《后汉纪》卷二五《孝灵皇帝纪》下:"天下愤愤,亦非独我曹也。又先帝尝与太后不快,几至成败,我曹泣涕救解,各出家财且千万,共为礼,和悦上意,但欲托门户于卿耳。今卿云何欲灭我曹种族,不亦太甚乎!卿言省内浊秽,公卿以下,忠清为谁乎?"《后汉书》卷六九《何进传》所记略有出入。

东汉和帝以降帝系表

帝号	帝系	在位时间（年）	继位年龄（岁）	驾崩年龄（岁）
和帝（肇）	章帝子	89—105	10	27
殇帝（隆）	和帝子	106	1	2
安帝（祜）	章帝孙，清河王庆子	107—125	12	32
少帝（北乡侯懿）	章帝孙，济北王寿子	125	不详	不详
顺帝（保）	安帝子	126—144	11	30
冲帝（炳）	顺帝子	145	2	3
质帝（缵）	章帝玄孙，渤海王鸿子	146	8	9
桓帝（志）	章帝曾孙，蠡吾侯翼子	147—167	15	36
灵帝（宏）	章帝玄孙，解渎亭侯苌子	168—189	12	34
少帝（辩）	灵帝子	189	17	17
献帝（协）	灵帝子	189—220	9	54

二 路在何方

除患：曙光初现

八月戊辰，以张让为首的宦官率先发难，在斩杀何进之后，随即安排党羽出任司隶校尉和河南尹，取代袁绍和王允，准备接管京师，控制局势。从这一急切的人事安排上，可见袁绍和王允的存在对于宦官的安全构成了多大的压力。然而，他们起草的任命诏版，送至一墙之隔的尚书台时，即遭到尚书的质疑，尚书提出，此次人事任命要与大将军商议后再定。宦官遂掷出何进头颅做出强硬回答，亦表达了以非常手段解决争端的决心。何进被害的消息一经传出，立刻惊炸宫内外。

守在宫城外的何进亲兵立刻进入战斗模式，要杀入宫内，宦官封闭宫门。袁术率虎贲援助何进亲兵。自此时此刻起，"除患"计划意外地激变为血腥的宫廷政变，历时四天。袁绍、袁隗很快也掌握了领导权。政变的大致经过是：

戊辰日当天，南宫外围应该很快被攻破，这主要得益于袁术虎贲的提前布防。宦官退守南宫内的东西宫和长乐宫。何进亲兵与袁术所率虎贲主攻方向随之集中到何太后所在的长乐宫。直至日暮，袁术火烧九龙门[1]，张让知长乐宫

---

[1] 见《后汉书》卷六九《何进传》。又，《后汉纪》作"青琐门"，《资治通鉴》从之。

难保，即裹挟何太后、新君刘辩、皇弟刘协从复道撤往北宫。中途遭复道下尚书卢植持戈喝阻，何太后被宦官舍弃。

189年9月23日　　此次政变的焦点转至北宫应该是己巳日的事情了。袁绍和袁隗以"矫诏"的形式，清除了宫外宦官党羽。"矫诏"，较之于之前假借大将军名义伪造文书，形式已升至最高级。一旦进入"事急从权"的思维通道中，皇权在士大夫官僚的理念中，也只是工具而已。随后，袁绍会同何苗增兵北宫。何苗的出现，使得场面一度混乱。何进亲兵一致认为何苗是宦官的同谋，何进被害，也有何苗一份。何进部遂与何苗部火拼，何苗被杀。何进、何苗兄弟相继丧命，被宦官舍弃的何太后，待日后归政，已无外戚凭借。

189年9月24日　　北宫被攻破的日子应在庚午日。袁绍下令封闭北宫门，对宦官实行"无少长皆杀之"的无差别屠戮政策，那些没长出胡须但不是宦官，滞留、被挟持的官员们，有的来不及申诉，就成了冤死鬼，有的干脆露出下体，验明正身，得以生还。整个北宫弥漫着血腥、恐怖，还有一丝滑稽。一天，二千多人被杀。张让等数十人带着新君刘辩、皇弟刘协趁夜突围成功，从雒阳城北的穀门出城，向黄河渡口方向逃去。尚书卢植紧追不放，王允也派出属下闵贡一起跟了上去[1]。

189年9月25日　　辛未日，拂晓，卢植、闵贡在黄河岸边追上张让等。

---

[1]《后汉纪》讲闵贡是随宦官而去，在当时局势之下，似难成立。《后汉书》卷六九《何进传》所记为确。

闵贡对张让进行了"死亡"宣判后[1]，张让投河自尽。其余宦官或投河，或被杀。最后一批宦官于黄河岸边消失。宦官被彻底肃清。新君刘辩和皇弟刘协得以还宫，在还宫途中，与已行进至雒阳近郊的董卓相遇。董卓的出现，正如此前很多人预料的那样，使得汉末政局再掀狂澜。关于董卓进京及其对汉末政局的侵扰，下面会有专章加以讨论。

四天之内，"除患"得以成功，连带还有了意外的收获，外戚也被清除出政治舞台，对于以党人名士为主体的士大夫官僚而言，大仇已报，沉冤得雪，天下澄清。接下来，修整朝纲，医治帝国病躯，才是正道。

而百余年来，士大夫在与外戚、宦官相伴生的过程中，形成了自己治国理政的思路，并且付诸实践。大致可以归纳为以下两点：

第一，使用经学所提供的政治修复机制，试图实现皇权的独立自强。在汉代，经学不仅是知识的载体，而且有着极其丰富的政治功用。在建章立制的同时，经学还为士大夫提供了一套政治修复机制。这就是源于天人感应学说的灾异警示，其在东汉政务中的实际应用，大致是以这样的程序来体现的：先言灾异的发生，显现出天的意志；再引用经书大义为衬托，继而切入人事，从而来表达士大夫对于政治现状的理解，最终要把灾异的出现归结到现实中人的因素对政务的干扰。确切地讲，在这时候就是要把

---

[1]《后汉书》卷八《孝灵帝纪》注引袁晔《献帝春秋》。

干扰落实到外戚或是宦官的干政，造成皇权下移、政治腐败的层面上，从而对"天谴灾异"做出解释。举例来说，和帝时出现日食，司徒丁鸿就把它理解为"臣乘君，阴陵阳，月满不亏，下骄盈也"，进而可以导出"威柄不可以放下，利器不可假人"的道理。采用这样的灾异警示，最终的目的只有一个，那就是"天不可以不刚"，"王不可以不强"[1]。皇权要独立自强是东汉中后期士大夫所表露的共同政治理念。

第二，发挥自身的官僚职能，剔除政治中的不合理因素，努力扭转政治的颓势。东汉之所以衰而不亡，就在于士大夫还在国家政治中起着支撑的作用[2]。这种支撑，是士大夫以其合法的官僚职能，来抵制政务中的非法。如，以袁安、任隗、杨秉以及周景等为代表的三公对外戚、宦官及其党羽的奏劾，致使大批贪赃枉法的高官落马；又如，士大夫在监察执法上加大力度，宦官们会因为"李校尉"[3]、"骢马御史"[4]的存在，而心生畏惧，在行为上有所收敛。"李校尉"指的是鼎鼎大名的李膺，党人"八俊"之首。对于年轻人来说，李膺就是他们的偶像，是天下的

---

[1]《后汉书》卷三七《丁鸿传》。
[2] 范晔在《后汉书》中多有精辟论断，如卷四三《朱乐何列传》："永元之际，天子幼弱，太后临朝，窦氏凭盛戚之权，将有吕、霍之变。幸汉德未衰，大臣方忠，袁、任二公正色立朝，乐、何之徒抗议柱下，故能挟幼主之断，剿奸回之逼。不然，国家危矣。"卷六六《陈蕃传》："汉世乱而不亡，百余年间，数公之力也。"
[3]《后汉书》卷六七《党锢列传》之《李膺传》。
[4]《后汉书》卷三七《桓典传》。

"楷模"，有幸被这位名人接见一次，那就等于登龙门了。"骢马御史"指的是侍御史桓典，桓氏《尚书》传家，世为帝师。桓典后来也参与"除患"计划。

而今外戚、宦官双亡，警示、抵制、抗争、打击非法，已无标靶，士大夫要重整山河，需要从批判转向建设，但沉疴已久，有些矛盾实难化解。

矛盾：士大夫的分化

在皇权复合体执政的百余年间，东汉政治的矛盾集中在士大夫改良政治的要求碰上了天子的不作为。

在东汉中后期，经常会出现检讨现政和频繁要求选拔贤良的天子诏书，看似是在迎合士大夫改良政治的要求，事实上只是应付"天谴"的一种敷衍方式。选拔上来的贤良，也大多是些欺世盗名之徒，即便有一两个贤才，也常常是选而不用，像黄琼那样的练达之士，起初是公车征聘，礼遇有加，后来是"久处议郎，已且十年"[1]。表面文章做多了，"天子"干脆就不再对灾异的发生负责，甩手将其转嫁给三公，免掉几个大官的职，算是给老天一个交待。百余年间，这个"天子"更多的是以皇权复合体的形式出现，养成了不作为的习惯，逐利、排他的劣性深入骨髓。改良政治受困于"天子"的不作为，直接后果就是士大夫发生分化。

---

[1]《后汉书》卷六三《李固传》。

一部分士大夫明知不可为而奋力为之，甚至希望以生命为代价，去唤醒已陷入深度麻痹的"天子"。像周荣、张纲、杨赐、李固、杜乔以及桓灵时期的党人们等，大都表现出了舍身取义的精神和对社会正义回归的企盼。但生命换来的却不是他们所向往的"中兴政治"局面的出现，而是士大夫政治理想的破碎。当士大夫领袖李膺遭遇党锢，免官还乡时，"天下士大夫皆高尚其道，而污秽朝廷"[1]。这里所说的"道"，可以与同期大名士荀爽给李膺信中提及的"知以直道不容于时"[2]中的"直道"做个比较："直道"是一种外在表现，是人们都可以看到的行为举止，在政治上可以表现为对非法的抗争，能够起到表率作用，正如太学生对李膺的评语那样："天下模楷李元礼"[3]。后来，因罢官归隐，李膺已不可能在政治舞台上展现"直道"，"高尚其道"中的"道"就成为一种精神力量，即士大夫的"气节"，维系着政治愿景。就精神力量言，"高尚其道"中的"道"，已转化为内在的"道德"。对个人高尚道德的崇敬已经超越了对朝廷的认同[4]。

---

[1]《后汉书》卷六七《党锢列传》之《李膺传》。
[2]《后汉书》卷六七《党锢列传》之《李膺传》。
[3]《后汉书》卷六七《党锢列传序》。
[4] 士大夫对道德的尊崇，实际上就是对东汉国家的抛弃，钱穆认为：东汉士人道德有些偏狭，他们所讲的孝廉，只是个人和家庭的，而不是国家和社会的。见《国史大纲》第三编第十章《士族之新地位》。但孝廉，是儒家"修身齐家治国平天下"精神的体现，最终要延伸到国家社会中，是道德—政治一体，是儒家政治理想在现实中的具体措施，原本是没错的。

皇权复合体的劣性，导致士大夫在精神上出现道德与政治的分途，从更深层面上讲，天人感应学说在士大夫思想中的解体，是在现实政治中受挫后，士大夫寻求灵魂安置、精神解脱的表现。

这样一来，有为的士大夫会远离政治，渐行渐远。在民间社会，天子成为人们质疑的对象，这里可以举一个桓帝朝的例子：延熹年间，桓帝巡幸，路过云梦，百姓争睹天子真颜，唯独一老父耕作不辍，引起尚书郎张温的注意，问及原因，老父却提出了惊世四问："天下乱而立天子邪？理而立天子邪？立天子以父天下邪？役天下以奉天子邪？"[1]张温后来做了大官，位至三公，还曾统领董卓，对云梦老父的四问，未曾想，也回答不了。而在云梦老父的心目中，这天子实在有些多余。或在思想史的视域中，云梦老父就是一个无君论者。天子受到质疑，可有可无，民间在无视朝廷，有为的士大夫又在远离政治，东汉帝国的命运可想而知。

158—166年

还有一部分士大夫在宦海沉浮中，逐渐丧失了激越的情怀，知其不可为而不为。前面说到的那位黄琼，后来在李固的推荐下，仕途终于有了起色，在桓帝时做到了太尉，但是目睹宦官专权，"自度力不能匡，乃称疾不起"[2]；又有灵帝时司徒桥玄，他的辞职很特别，"以国家

---

[1]《后汉书》卷八三《逸民列传》。
[2]《后汉书》卷六一《黄琼传》。

方弱，自度力无所用，乃称疾上疏，引众灾以自劾。遂策罢"[1]。大凡不是对现实丧失信心到了极点，桥玄也不会"引火烧身"，把"天怨"顶在自己的头上。

有远离，有放弃，也有随波逐流的迎合者。陈蕃对于此等人物的评价是："一朝群臣，如河中木耳，泛泛东西，耽禄畏害。"[2]其代表，却是陈蕃的故主，历事六帝，在三公位置上做了三十多年的胡广，究其奥妙，大概就因为他在政务中标榜"中庸"，能够做到"万事不理"，又能和宦官缔结秦晋之好吧！

在臣要有为，君不许的矛盾中，士大夫的分化除了消极面外，还有积极的一面，即士大夫也在不断尝试走上一条自强的道路。和帝时，外戚窦宪派人刺杀都乡侯刘畅，此案一直拖而未决。当时担任太尉宋由属吏的何敞，毛遂自荐，由他来具体查办此案。但是阻力重重，何敞对宋由说："敞备数股肱，职典贼曹，故欲亲至发所，以纠其变，而二府（指司徒、司空府）以为故事三公不与贼盗。……今二府执事不深惟大义，惑于所闻，公纵奸慝，莫以为咎。……请独奏案。"[3]何敞的大义是讲：查处此案是自己的职责所在，而司徒、司空二府却认为没有依据，实际上是用典不明，姑息养奸，既然这样，自己就要独立办案

---

[1]《后汉书》卷五一《桥玄传》。
[2]《后汉书》卷六六《陈蕃传》。
[3]《后汉书》卷四三《何敞传》。

了。最终，还是在何敞的推动下，三府联合，将案情查实。

要知道，在东汉初期，光武帝为避免强臣出现，刻意削弱相权，造成三公府职能的弱化，三公属吏处于无事可做的境地，"三府掾属专尚交游，以不肯视事为高"[1]。而由何敞主持，三府联合办案，事实上否定了前朝故事，为臣权自强提供了有益的尝试。

至桓帝朝，太尉杨秉在臣权自强的道路上，表达了更强音。他上奏弹劾大宦官侯览和具瑗，尚书召见其属下，询问："公府外职，而奏劾近官，经典汉制有故事乎？"杨秉的答复是："汉世故事，三公之职无所不统。"[2]

臣权自强的目的不是要与皇权对立，而是要挽救皇权，剔除皇权复合体中的外戚和宦官。在士大夫的认识中，能否实现自强，关键还是天子。还是桓帝时，侍中爰延称："尚书令陈蕃任事则化，中常侍黄门豫政则乱，是以知陛下可与为善，可与为非。"[3]这就造成了臣权自强的出口有两条路可选：

一条是沿着制度路径走下去，在制度、法令、故事许可的范围内，涉入皇统继立：

维护法定继统程序。延光中，安帝废太子保为济阴王——废太子即前文讲到的宦官拥立的顺帝刘保——爆发 122—125年

---

[1]《后汉书》卷四六《陈宠传》。
[2]《后汉书》卷五四《杨秉传》。
[3]《后汉书》卷四八《爰延传》。

了以九卿为核心的士大夫集体抗争，以及太仆来历等十余人的鸿都门请愿事件。而对于继嗣的北乡侯刘懿，士大夫则视之为"疏孽"[1]。

通过"豫议"来掌握皇统继立的主动权。在东汉，一般在皇统中断，需要外藩入继的情况下，士大夫有权在公卿会议上提出继统人选。虽然是在走过场，但提出来，就在表明己方的立场，或可有万一的收获。士大夫的标准，如李固所言："今当立帝，宜择长年高明有德，任亲政事者。"[2]事先士大夫之间要达成共识，像质帝崩后，李固就与司徒胡广、司空赵戒联合达成意向，才在公卿会议上提出了以清河王刘蒜作为继统人选。

维护也好，"豫议"也罢，都是为了士大夫的共同目标：以确立新君为契机，扭转政治颓势，"国之兴衰，在此一举"[3]。

另一条路就是行非常之举。这在党人官僚严惩外戚、宦官党羽时，就有了体现，像李膺出任司隶校尉时，在审完张让弟张朔后，随即杀掉；南阳功曹岑晊等虽见赦令，仍旧将桓帝美人的亲属张泛绳之以法；更有甚者，如山阳郡督邮张俭道逢宦官侯览母，以其"不避路"而使吏卒收杀……任权对抗变异皇权，是对合法与正义的捍卫。

---

[1]《后汉书》卷五二《崔瑗传》。
[2]《后汉书》卷六三《李固传》。
[3]《后汉书》卷六三《李固传》。

而非常之举做到极致,就会去触碰废旧立新的红线,乃至做出最终的突破——革命。

路在何方:自强的出路是武装

灵帝一朝发生的三件事,代表了臣权自强的新动向。

第一件事发生在建宁元年。这一年灵帝刚刚登上皇位,外戚大将军窦武、太傅陈蕃谋议清除宦官。在此次事件中有两点需要解释:

一点是窦、陈合作的基础。扶风窦氏是东汉著名的权贵之家,与皇室亲密无间,不是皇家的公主下嫁到窦府为媳,就是窦家的女儿入宫做了皇后。东汉外戚专权的"祸首"就是窦武的长辈窦宪。而窦武的女儿又是桓帝的皇后,灵帝自外藩继统,窦皇后升作太后,灵帝母系藩妃,即便因子而贵,受制度限制也只能称后,而不能和窦太后平起平坐。窦武官至大将军,也是故事使然,复制了太后临朝、外戚专政的模式。就身份言,陈蕃这样的一代名公、士大夫领袖,怎么会与外戚合作?

但窦、陈二人确有合作的基础。拿窦武来说,他是一个有着双重身份的人。一重身份是外戚,这毋庸置疑。另一重身份,他是名士,在经学上有颇高造诣,有过传道解惑的经历,并且他还是著名的党人领袖,与陈蕃齐名,位列"三君"之首。在第一次党锢之祸发生后,窦武以其特殊的身份,挺身而出,官可以不当,侯爷也可以不做,为的就是保全党人的性命。这样的外戚，自然要被士大夫视为知己，受到爱戴。

再就陈蕃而言，又有恩于窦家。桓帝立后的时候，中意的是田贵人，而陈蕃表示反对，并在他的一再坚持下，才最终选定了窦武的女儿。

第二点，控制机要中枢与军队。窦、陈决议清除宦官，随即进行了一次人事安排："（窦）武于是引同志尹勋为尚书令，刘瑜为侍中，冯述为屯骑校尉。"[1]尹勋，党人名士，名列"八顾"，因在扶立桓帝亲政中建功封侯，不罹第一次党锢之难；刘瑜，汉室宗亲，经学之士，娴于图谶之术，晓天文历算，对于宦官专权明确表示过不满；冯述，事迹不详。尚书令，是尚书台的长官，尚书台是东汉的政务中枢，尹勋出任尚书令，会在政令的制定上为窦武、陈蕃打击宦官提供方便；侍中，比起尚书，与天子更近一层，可以和天子朝夕相处，后来因为发生过侍中袭君的事件，侍中似乎被剥夺了侍从天子左右的特权。不过，这还要因人而异，像外戚、皇室成员，挂侍中衔，还是可以随时出入禁中，窦武子窦机、窦武侄窦靖早于刘瑜做了侍中，三位窦武、陈蕃的贴心人，以职务之便，时时向天子和太后陈说清除宦官的必要性，应该是情理中的事情；屯骑校尉，是北军将领之一。北军作为东汉的中央军，由五营组成，分属屯骑校尉、越骑校尉、步兵校尉、长水校

---

[1]《后汉书》卷六九《窦武传》。

尉、射声校尉，平时承担京师卫戍，战时出征作战。窦武曾经担任越骑校尉，对京师武备应有相当的了解。在冯述出任屯骑校尉之前，窦武的侄子窦绍就任步兵校尉，于是北军五营中至少有两营要听命于窦武，由此看来，窦、陈谋议中可能已经有了必要时候动用武装来解决问题的方案。

窦、陈合作基础牢固，安排不能不说缜密，最终却没有战胜宦官，究其原因：

一是在行动中过于拘泥，事事要向太后请示汇报，拘捕宦官后还要经过一套司法程序，让他们认罪伏法，还是想走理性行政的老路。此点陈蕃也有所认识，他曾经向窦武说，要诛灭宦官，不必遵循常规。况且，太后并不赞成把斗争的矛头指向整个宦官群体，要求做到"诛其有罪"，适可而止。这使得宦官在处境危急之际，得以率先发难。

二是北军失控。窦武在得知宦官发难之后，马上来到窦绍的步兵营，进而寻求整个北军的支持，以对宦官展开反攻。当时，宦官纠集起来的武装主要来自宫内的卫士。而窦武对宫内卫士的掌控，虽然此前也有计划，譬如窦靖监羽林左骑，但还是准备不足。宫内虎贲、羽林仍旧掌握在宦官曹节手中。并且，宦官在突发事件中所表现出的操控能力，为窦武所不及。宦官谙熟皇权的使用，既已起事，首先便是拉天子入伙，进而质押尚书，发布诏书，令周靖、张奂接管北军。北军作为窦武扭转局势的最后希望，却因为素来就对宦官有畏惧之心而最终倒戈，窦武被杀。陈蕃虽然也把自己的属吏和学生武装起来，但区区

二、路在何方 / 039

八十余人，无济于事，最终陈蕃受辱而亡。

第二件事发生在中平二年的雒阳。名士张玄听说司空张温已被任命为车骑将军，即将率军西征，去讨伐凉州的边章叛乱，便前往张温处，进行游说。他陈述了当今天下大乱的根源是宦官干政，进而提出了自己的建议："闻中贵人公卿已下当出祖道于平乐观，明公总天下威重，握六师之要，若于中坐酒酣，鸣金鼓，整行阵，召军正执有罪者诛之，引兵还屯都亭，以次罢除中官，解天下之倒悬，报海内之怨毒，然后显用隐逸忠正之士，则边章之徒宛转股掌之上矣。"[1]张玄说得很明白，张温兵权在握，趁着达官贵人为他送行之际，先杀几个罪大恶极者，然后起兵除掉宦官，解除天下苦难。但是，张温却认为自己做不了这样的事而作罢。

第三件事发生在中平五年的冀州。冀州刺史王芬聚集了一批豪杰之士，他们是：陈逸、许攸、周旌、襄楷等人。陈逸，陈蕃之子，在陈蕃罹难之后，得到陈蕃友人的保护，逃匿民间。许攸，前面已经提及，是"奔走之友"的成员之一，他在冀州出现，很有可能是使命在身。周旌，事迹不详。襄楷，这是一个与早期道教和佛教东传都有关联的人物，善"天文阴阳之术"，也正是基于他对天文变化的预测："天文不利宦者，黄门、常侍真族

---

[1]《后汉书》卷三六《张玄传》。

灭矣"[1]，王芬等人才决计乘灵帝北巡之际，废灵帝立合肥侯，并以地方盗贼横行、侵扰郡县为名，募集到了一支兵马。后灵帝取消北巡，刺杀行动流产，王芬自杀。

在这三件事中，窦武要控制北军，张玄看重张温手中的兵权，王芬要募集郡国兵，思路基本一致，就是要以武力为依托，消灭控制皇权的恶势力，乃至废旧立新。看来，武装已经成为解决东汉政治危机不可或缺的工具。而窦武的失败，张温的不作为，王芬的自杀，又使得武装能否为士大夫所用成为问题。

而桓灵以来，名士任侠蔚为风尚，士大夫出现武人化的倾向，使得武装必将成为士大夫的囊中物。

先来看名士任侠。前面讲"奔走之友"中就有"力能兼人"的侠客伍孚，那位党人名士张邈也是侠肝义胆。伍孚后来作为海内名士进了何进幕府，在那里他并不孤单，同气相求者有王匡、鲍信等人。王允也是文武兼修，"允少好大节，有志于立功。常习诵经传，朝夕试驰射"[2]。还有以袁绍、袁术、曹操为代表的雒阳公子。仗气是年轻人的性格特征，而任侠，就要有些功夫了，曹操就曾有过表现：他偷偷摸进过张让的房间，被张让发现后，"舞手戟于庭，逾垣而出"，得到评价："才武绝人，莫之能害。"[3]

---

[1]《三国志》卷一《武帝纪》注引《九州春秋》。
[2]《后汉书》卷六六《王允传》。
[3]《三国志》卷一《武帝纪》注引孙盛《异同杂语》。

任侠者又多权谋、喜兵法。像袁绍为何进出谋划策，引外兵入京；曹操汇集诸家兵法，编成《接要》，还为《孙子兵法》作注……

这些任侠的名士们，后来大多与军事结缘，有着或长或短的军旅生涯。袁绍担任过西园军中军校尉；曹操，要比袁绍更早地接触武装，有过实战经验。他曾作为骑都尉，率部进入颍川，与黄巾作战。后来也进入西园军，任典军校尉。那时他的理想就是能够为"国家讨贼立功"，封侯做征西将军；袁术，做过折冲校尉、虎贲中郎将；王匡、鲍信等还募过兵，有过自己的武装……

担任军职，拥有武装，加速了士大夫的武人化进程，使其在合法行政的手段之外，有了应对突发事件的强力工具。窦武的覆辙可鉴，张温的不作为不必效仿，更不能像王芬那样被逼上绝路。

武装最终作为士大夫的大杀器，于中平六年八月戊辰得以施放，外戚、宦官两亡，而掌握武装的士大夫还未绽放胜利的喜悦，就遇到了由他们请来，但已失控，业已转化为攫取皇权的力量的董卓和他的凉州军。

三 武人崛起

武人的士人化：尴尬的单相思

东汉安帝以来，西部边事不稳，羌人袭扰，牵动帝国的政治神经。对羌战争不断升级，边地武人在军事上随之崛起，驰骋沙场，立功边境[1]，名将辈出，"凉州三明"——皇甫规、张奂、段颎就是他们中的代表。与其显赫的军功相比，他们的政治地位却不高。为实现身份的跨越，他们也努力过。

做学问。皇甫规做了十四年的私学经师，沉下心来，精研《诗》《易》，教授门徒多达三百余人；张奂曾拜当时经学名家朱宠为师，专修《欧阳尚书》，对《牟氏章句》有着自己独到的见解，还撰写了三十余万字的《尚书记难》；段颎也要有所表现，"折节好古学"[2]。

情感沟通。与士人同呼吸，共命运。凡是士人所痛恨的，也是武人所不睬的：皇甫规不与外戚大将军梁冀为伍，说他是尸位素餐之徒；党锢之祸发生的时候，还要上书附党……

但是，效果不佳。皇甫规到头来"虽为名将，素誉不

---

[1] 张奂言："大丈夫处世，当为国家立功边境。"见《后汉书》卷六五《张奂传》。
[2]《后汉书》卷六五《段颎传》。

高"[1]。张奂，学问做得不错，功劳也不小，进了朝堂，掉进了宦官设置的陷阱中，成了镇压窦武的爪牙，"扬戈以断忠烈"[2]，这让士大夫怎么好接纳他啊！

或者做个"识时务"者，盘结权贵，像段颎那样，甘愿为宦官卖命，去缉捕太学生；投天子所好，花钱买太尉。但，最终却落个人财两空，身败名裂。

可见，武人要正常地出将入相，实现政治地位的提升，跻身名士之列，靠做学问，沟通情感，只是单相思的士人化。

忠君：皇甫嵩的底线

羌事未息，黄巾又起，国家武备在内忧外患的压迫之下未曾松懈下来，可以拥兵征伐的将军们似乎已经看到了前辈所无法实现的愿望，在他们这一代有了转机。新武人的代表皇甫嵩（皇甫规的侄子）和董卓成为改变时代的关键人物，正如皇甫嵩的侄子皇甫郦说的那样："本朝失政，天下倒悬，能安危定倾者，唯大人与董卓耳。"[3]此时已是中平六年，董卓被解除军职，其麾下人马要移交皇甫嵩统领。董卓则踏上东进的路途，在途中受大将军令

---

[1]《后汉书》卷六五《皇甫规传》。
[2]《后汉书》卷六五《张奂传》。
[3]《后汉书》卷七一《皇甫嵩传》。

入京。

皇甫嵩成为安危定倾的大人物,早在与黄巾作战时就已经确立,民间颂扬他:"天下大乱兮市为墟,母不保子兮妻失夫,赖得皇甫兮复安居。"[1]然而,皇甫嵩并不以为意。这让他的部下阎忠很着急,有如此大名,却不知利用,他决定和自己的老长官谈谈心,希望皇甫将军明白一个道理,那就是:机不可失,时不再来,即时"革命"。

阎忠"革命论"的动因基于皇甫嵩"身建不赏之功,体兼高人之德",功高盖主,道德高尚,碰上了乱世昏主,危险得很,"今竖宦群居,同恶如市,上命不行,权归近习,昏主之下,难以久居"。安全的办法就是革汉的命,改朝换代,皇甫嵩做新朝的皇帝。阎忠已经深思熟虑过,他向皇甫嵩贡献了自己的"革命"蓝图:

> 征冀方之士,动七州之众,羽檄先驰于前,大军响振于后,蹈流漳河,饮马孟津,诛阉宦之罪,除群凶之积……功业已就,天下已顺,然后请呼上帝,示以天命,混齐六合,南面称制,移宝器于将兴,推亡汉于已坠,实神机之至会,风发之良时也。[2]

此前讲过张玄鼓动张温起兵,还摇摆于锄奸与造反之

---

[1]《后汉书》卷七一《皇甫嵩传》。
[2] 以上阎忠言论均出自《后汉书》卷七一《皇甫嵩传》。

间;王芬等谋刺灵帝,还血脉贲张,闹一出侠义的大戏。与之相较,阎忠的"革命论"堪称完美:时机成熟,武装在手。

最终还是要等皇甫嵩的决定。

皇甫嵩很害怕,认为阎忠的"革命论"是"反常之论",作为"夙夜在公,心不忘忠"的忠臣,忠君是他的使命,也是他的信仰,"委忠本朝,守其臣节"。即便遭受了不白之冤,也不过是革职流放,"犹有令名,死且不朽"。[1]

忠君战胜了革命。

但是,董卓就大不一样了。即便是被解除了兵权,就凭追随他的三千羌胡,他也决心尝试一下皇甫嵩所不愿意做出的非常之举。

失控:董卓的自我解放

董卓,陇西临洮(今甘肃岷县)人。陇西是东汉帝国的西北边郡之一,汉羌结合部,民风彪悍。[2]董卓有侠气,能左右驰射,力大无穷,又有谋略,天生武人。在羌地颇有人缘。他先是为州郡吏,后在桓帝末年被选入京师为

---

[1]《后汉书》卷七一《皇甫嵩传》。
[2]《汉书》卷二八下《地理志》下:"天水、陇西,山多林木,民以板为室屋。及安定、北地、上郡、西河,皆迫近戎狄,修习战备,高上气力,以射猎为先。"

羽林郎,在其履历上,很可能在灵帝熹平年间,他与著名的政治世家汝南袁氏建立了联系,司徒袁隗辟董卓为掾。[1]正是因为这一层关系的存在,他日后才成为"除患"计划的重要力量,稍后再叙。董卓还受到过"凉州三明"中张奂、段颎的照拂,这也为其在凉州军中的威信做了背书。

172—178年

事实证明,董卓在军事上确有天分。而且他能自己决定胜负。到东部,和黄巾交锋,战败;到西部,战胜。于是,董卓就成了安定西部边疆举足轻重的人物。在那次张温征西平叛中,董卓随营效力,却不服调遣,孙坚作为张温幕府随员,就劝张温杀掉董卓,以肃军纪。张温却无可奈何地说:"卓素著威名于陇蜀之间,今日杀之,西行无依。"[2]张温甚至催促孙坚快些走人,害怕董卓生疑,误了平叛大事。

鉴于董卓在西部的强势,朝堂之上早就有限制董卓的呼声。在董卓再度出任前将军,统军两万平定三辅之乱后,这种呼声已经为灵帝所重视。灵帝虽昏聩,但已长大成人,他也不希望在西部出现与自己分庭抗礼的军阀。于是一纸诏书征调董卓出任少府。虽然没有升官,但少府位列九卿,掌管皇家事务,地位显要。诏书已经彰显了诚意。可是,董卓才不会看重它,离开了军队,他就成了无

---

[1]《三国志》卷六《董卓传》注引《吴书》。
[2]《三国志》卷四六《孙坚传》。

源之水。董卓公然抗命。不过，在公开的上书中，还是要找个说得过去的理由：不是自己不回京，而是自己的部下哭着、喊着、拦着，不让走，"所将湟中义从及秦胡兵皆诣臣曰：'牢直不毕，禀赐断绝，妻子饥冻。'牵挽臣车，使不得行"，更何况，这帮羌胡兵可不好管，"臣不能禁止，辄将顺安慰"[1]，如果发生点意外，麻烦肯定少不了，倒不如委曲一下自己，"且行前将军事"，自己会"尽心慰恤，效力行陈"[2]。

天高皇帝远。此时的朝廷有心无力，对这位实力派人物根本做不出实际有效的惩治，只能委曲求全，只要董卓交出兵权，对其抗命可以不再追究。这便有了第二纸诏书的发出。这次是任命董卓出任并州牧，把一州的军政大权交给他。此前董卓曾经做过并州刺史，对并州很了解。看来朝廷此次的任命又动了番脑筋。只要董卓不和朝廷闹掰，这次是没有理由不上任了。但讨价还价还是要的。

董卓再次上书朝廷，对于出任并州牧一职提出了自己的条件，即就任并州牧可以，但他要带上他的亲兵。这对朝廷来说，简直是闻所未闻的事情，为臣子的竟然敢明目张胆地同皇帝做起了交易。凭此举，就可以拿董卓问罪。

---

[1] 以上董卓拒任少府上书，见《后汉书》卷七二《董卓传》。
[2] 以上董卓拒任少府上书，见《三国志》卷六《董卓传》注引《灵帝纪》。所见董卓上书，就内容而言，《三国志》所记为选编版，《后汉书》所记为节略版。

可是，皇帝又能有什么办法呢？交出兵权，听之任之。

董卓便得意洋洋地率领着三千亲兵上了路，前往并州赴任。

与此同时，雒阳政局发生了极大的变化，灵帝驾崩，一度出现皇权空窗期。新皇帝要登基，士人要解决多年来与宦官的积怨，宦官要寻求生存的空间，这一件又一件的事情使得帝国在焦虑中等待着未卜的将来。谁又会去关心这位"悠然自得"，还在赴任途中的并州牧？

但外戚大将军何进却听信了袁绍的建议，要征调外兵进京，以此胁迫太后做出诛杀宦官的决定。董卓又被想到。想到他的可不是何进，而是袁绍。

在袁绍献此计之前，他脑子里全是建宁元年事变，窦武、陈蕃要杀宦官反被宦官所害，症结在哪里？除去北军失控的因素外，还有什么可以引以为戒？当年陈蕃与外戚大将军窦武能够合作，是因为窦武具有双重身份——士人领袖和外戚。一旦肃清宦官，可以避免重走单一的外戚专政的老路，太后也许会因为陈蕃有恩于己，以及父亲与士大夫的亲密无间，还政与臣。可是，袁绍面对的何进，是个"屠家子"，士大夫不会发自内心地去接纳他。何太后对士大夫也没有丝毫的好感，即便是借助何进的力量翦除了宦官，士大夫能否从中获益？既然存在未知，而何进又在诛除宦官的问题上摇摆不定，一旦何进变计，就会倒向宦官一方，士大夫必将遭受灭顶之灾。为防患于未然，还是有所准备的好，拥有、控制武装就是最好的

三、武人崛起 / 051

准备。

前面已经讲到征召进京的外军共有九支，其中五支尚未成军。在招募中，招募人皆侠肝义胆，与袁绍同气相求，是袁绍计划中撒向郡国的"种子"，以备不时之需。袁绍的私募兵，自然只听命于袁绍。三支成建制外军是计划实施的主力，桥瑁，是前面讲到的桥玄族子，东郡兵属于士大夫阵营无疑，后来加入关东联盟。丁原、董卓，亦与袁绍有关，后来由公孙瓒揭露出来："何氏辅政，绍专为邪媚，不能举直，至令丁原焚烧孟津，招来董卓，造为乱根。"[1]最为重要的是，被很多人视为邪恶势力的董卓，在袁绍的设计中，应该是可以驾驭的。其自信源于董卓曾为袁隗所辟，是袁氏故吏，且袁隗为当朝首辅，董卓理应唯袁隗之命是从。即便故主过世，对于故主家人后代亦有关照礼遇的义务。这是东汉官场规则，亦是官僚之观念。[2]

除外兵外，京师中能够明确的亲袁绍武装还有虎贲中郎将袁术统领的虎贲卫士、典军校尉曹操所部、河南尹王允所部等。

何进对此也有所觉察，如前面所提到的选派种劭宣诏阻止董卓入京。但种劭没拦得住，表面上看，是何进已经

---

[1]《三国志》卷八《公孙瓒传》注引《典略》。
[2] 钱穆在《国史大纲》第四编第十二章《长期分裂之开始》中提出的"二重的君主观念"，可做参考。

失去了对董卓的控制。有一个关于董卓上书的问题值得辨析，史书中的相关记载较为混乱：

1.《三国志》卷六《董卓传》："进乃召卓使将兵诣京师，并密令上书。"
2.《后汉纪》卷二五"中平六年秋七月条"："董卓到渑池上书。"
3.《后汉书》卷七二《董卓传》："卓得召，即时就道。并上书。"

以上三种史书所记载的上书内容又与《三国志》卷六《董卓传》注引《典略》中的内容大有出入，《资治通鉴》和清人严可均所辑《全后汉文》则把它们混为一谈，实不知董卓在进京途中有两次上书，一次是在渑池（今河南渑池西），一次是在新安（今河南渑池东）。而"上书"则是解决董卓失控问题的关键。

首先，"密令"上书系渑池上书，即《三国志》和《后汉书》所录内容，与何进无关。这是因为：渑池上书的内容，突出了以张让为代表的宦官扰乱政治是董卓进京的条件，张让等宦官与何进之间没有利害冲突，反而对何家有恩。处于犹疑之际的何进，不会指使董卓在上书中把张让定为十恶不赦的罪人，将张让树为自己的仇敌。另外，种劭持诏却兵，与董卓会晤的地点就是渑池，如果何进"密令"董卓上书的话，则与却兵相抵触了。而张让等却是党锢之祸的制造者，与士人势同水火，不能两立，"密令"想必与袁绍有关。为防何进变计，在种劭出京的同时，袁绍派人密令董卓上书，将国家大义搬出来，化解却兵诏书，为入京设置合法性依据。

其次，董卓在置种劭宣诏止兵于不顾后，在进军途中，再次上书，这是新安上书，即《典略》所记载的内容。董卓在新安上书中是这样写的：

> 臣伏惟天下所以有逆不止者，各由黄门常侍张让等侮慢天常，操擅王命，父子兄弟并据州郡，一书出门，便获千金，京畿诸郡数百万膏腴美田皆属让等，至使怨气上蒸，妖贼蜂起。臣前奉诏讨於扶罗[1]，将士饥乏，不肯渡河，皆言欲诣京师，先诛阉竖以除民害，从台阁求乞资直。臣随慰抚，以至新安。臣闻扬汤止沸，不如灭火去薪；溃痈虽痛，胜于养肉；及溺呼船，悔之无及。[2]

这段文字较之渑池上书的高大上，与拒任少府上书的风格一致——说事就要带上将士们。新安上书中，董卓虽然仍旧把阉宦作为讨伐的对象，但却只字未提士大夫或何

---

[1] 董卓出任并州牧的使命之一就是讨伐於扶罗。於扶罗，南匈奴单于，活动于河东、河内一带。
[2]《三国志》卷六《董卓传》注引《典略》。

进的意愿，而是把手下将士摆在最为显要的位置，是有了他们的请求，才有董卓的进京。这种因果条件，使得董卓在这场以清除宦官为目标的政治运动中，既不从属于士大夫，也不听命于何进，而是"将士"的代表。董卓撰写的新安上书，无疑就是他政治独立的宣言书。有了它，董卓就解放了自己，带着三千羌胡亲兵快些入京去了。

董卓的自我解放，可以用"边境中国人蛮夷化"的观念加以解释，"凉州和汉代中国的主要的知识和文化传统可能已没有联系"。[1]但董卓的官僚经历，是一次又一次受教化的过程，传统、规则无疑要消化蛮夷化。作为可能还保留"蛮夷化"记忆的帝国高级军官来说，董卓会更加真实地感受到以"凉州三明"为代表的前辈武人的烦恼：要在政权中立足，就要有所依附，像皇甫规、张奂对士人认同的向往，段颎对宦官的逢迎，乃至通过"士人化"来卸去武人身份。

而在灵帝末年，董卓的强大已经是有目共睹的事实，他和皇甫嵩被认为是"安危定倾者"。董卓所掌控的军队，其核心由湟中义从和秦胡兵组成，他们不同于中央禁军，有畏惧宦官的心理和效忠皇权的意识，他们实际就是董卓豢养的一支私兵，唯董卓旨意是从，"士卒大小，相狎弥

---

[1] 参见余英时在《剑桥中国秦汉史》第六章《汉朝的对外关系》中所做出的推论。

久，恋臣畜养之恩，为臣奋一旦之命"[1]。并且有着强大的战斗力，是帝国精锐中的精锐，郑泰就曾做过总结："天下强勇，百姓所畏者，有并、凉之人，及匈奴、屠各、湟中义从、西羌八种。"[2]天下强勇的五支力量中，董卓至少拥有三支。加之，又被任命为并州牧，在想见的未来，五支强勇将尽在其麾下。有如此实力，又有前辈经验的警示，已经发布了"政治独立宣言"的董卓，势必要在曙光即将来临的雒阳政变中再掀惊天骇浪。

非常之举：废少立献

中平六年八月辛未，董卓率部出现在雒阳郊外。对此，史家的记载不尽相同：

1.卓遂将其众迎帝于北芒。（《三国志》卷六《董卓传》）
2.（八月）辛未，公卿以下与卓共迎帝于北芒阪下。（同上注引张璠《汉纪》）
3.卓时适至，屯显阳苑。闻帝当还，率众迎帝。（同上注引《献帝春秋》）
4.帝望见卓兵涕泣。群公谓卓曰："有诏却兵。"

---

[1]《后汉书》卷七二《董卓传》。
[2]《后汉书》卷七〇《郑泰传》。

卓曰："公诸人为国大臣，不能匡正王室，至使国家播荡，何却兵之有！"（同上注引《典略》）

5.（八月）辛未，帝还宫，公卿百姓迎于道。并州牧董卓适至，闻帝在外，单骑迎于北芒上。（《后汉纪》卷二五《孝灵皇帝纪》下）

6.卓远见火起，引兵急进，未明到城西，闻少帝在北芒，因往奉迎。（《后汉书》卷七二《董卓传》）

上述记载虚虚实实，似难辨真伪。但细加分析，可以做如下推断：

既然董卓已经探明了"少帝在北芒"，那么他对雒阳政变的结局，就不可能一无所知。作为久经战阵的将军，掌握战场形势变化，那是基本素养。而且董卓在朝中亦有眼线，董卓弟董旻时任奉车都尉，在雒阳政变中也是一个活跃的人物。就是他伙同何进家将，杀掉了何苗。

如果是董卓与公卿一同"迎帝"，就不会出现"有诏却兵"一幕。张璠《汉纪》与《典略》冲突。

董卓进军北芒的可能步骤是：董卓已探知雒阳政变的进程，在得到公卿大臣已前往北芒迎帝的消息后——通风报信者大概就是董旻——随即率军前往。

而董卓进京的前提是清君侧，诛灭宦官，这不仅是当初引外兵的用意所在，也是"密令"赋予他的使命，更重要的是，这是董卓自己在新安上书中提到的自我解放的依据。但是，雒阳政变的结局却是宦官、外戚两亡，董卓进京的前提不复存在。且，袁隗、袁绍叔侄二人已经初步接管朝政，是按兵不动，等待故主号令，还是继续一意孤行？

在新安，董卓已经把自己视为此次政变中外戚、士大夫之外的第三支政治力量，他昼夜兼程赶来，不是为了受人摆布，无功而返；寻找战机，见机行事，才是武人的本色，也是董卓的拿手好戏。当董卓来到北芒，看到还处于惊慌中的汉天子的时候，战机显现，进京的目标随之更改，他要插手政变之后的皇权安置。上引《典略》所载董卓在北芒同公卿大臣的对话就是证明。那话外之音恐怕会让公卿大臣们为之一震吧！"匡正王室"只有他董卓才能办得到。

还是在北芒，董卓就已经有了"匡正王室"的办法：

> 帝见卓将兵卒至，恐怖涕泣。卓与言，不能辞对；与陈留王语，遂及祸乱之事。卓以（陈留）王为贤，且为董太后所养，卓自以与太后同族，有废立意。[1]

少帝的眼泪和一言不发已经无关宏旨，九岁的陈留王刘协，一个小娃娃，为董后所养，就足以让董卓想入非非了，"贪孩童以久其政"的道理活灵活现地摆在了董卓的面前。他要单方面认亲，而陇西董氏和河间董氏是否是亲

---

[1]《后汉书》卷七二《董卓传》。

族，谁又会跟这位武人理论一番，辨析个清楚呢？将自己打扮成"外戚"，是董卓接管皇权的必要道具。外戚董卓就要负起责任来，完成董后未竟之事业，并且可以用董后的亡魂压制何太后可能的复兴，从而扶立"聪明"的陈留王为帝，这已然成为董卓调整后的进京目标。

废旧立新，听起来倒是熟悉，那是名士想做，却没有做成的事情。董卓真能做到吗？刚刚清除了两宫污秽的士大夫会坐视不管吗？

而董卓自有他的办法，士大夫也在打着自己的算盘。

作为武人，初来乍到，董卓最为关注的是：京师中的武装力量是否能够对他形成威胁？比较之下，董卓有些害怕了。中央军、原属大将军和车骑将军的家兵、执金吾丁原所部并州军、司隶校尉袁绍的私募武装以及已经回京的鲍信、张辽募集的兵卒……董卓以区区三千人马，即便是天下精锐，要想行事，控制政局，显然是痴人说梦。但有利的条件是，混乱之际，惊魂未定，武力松散，为董卓争取军事上的主动提供了可趁之机。

于是，董卓开始了他的冒险计划。具体的做法是：夜间悄悄把三千兵马调出城外，白天再敲锣打鼓、旌旗蔽日地返回城中，还到处嚷嚷着"凉州军又来了"。隔三差五就来这么一回。这种持续性的压迫，较之一次性的打击，更令人胆战心惊，焦虑变成了恐惧。凉州军的"强大"最终使不明就里的人们折服了。受此蒙蔽，群龙无首的何进、何苗家兵归顺了董卓；吕布杀了丁原，率并州军投入

三、武人崛起 / 059

董卓的怀抱。在此带动下，张辽也没了选择，所部千余人步了同乡的后尘……董卓逐步掌控了京师的武装，"京师兵权，惟卓为盛"[1]。

除此之外，从辛未日起，董卓就在持续释放自己改天换地的政治主张，压制京师各种势力，袁绍对此看得一清二楚。

作为"除患"计划的制定者，引外兵入京的始作俑者，在雒阳政变中居于领袖地位，满怀信心可以左右局势的袁绍，目睹董卓的强势介入，有些不知所措。从泰山郡募兵回京的鲍信劝说袁绍，趁着董卓立足未稳，发动突然袭击，干掉董卓。董卓在鲍信心目中已经成为敌人。但是，袁绍没有采纳。凡是记录了此事的史书都采用了这样一个口吻，说："绍畏卓，不敢发。"[2]畏，基于董卓意图不明，以及袁绍自认为还是个弱者。而这次留痕可能发生在辛未当日。

很快董卓就与袁绍见了面，摊了牌。董卓以司空的身份就废旧立新一事与袁绍进行会谈，应视为武人主动谋求与士人合作，是其诚意的体现。旧是刘辩，新是刘协。不

---

[1]《后汉纪》卷二五《孝灵皇帝纪》下。
[2] 见《三国志》卷六《董卓传》、《三国志》卷一二《鲍勋传》注引王沈《魏书》、《后汉纪》卷二五《孝灵皇帝纪》下以及《后汉书》卷七四上《袁绍传》。亦为《资治通鉴》所采信。

得不说，董卓懂得使用"天谴"术实现身份转换[1]，及时提出善后处置方案，主动会商，与士大夫之迟钝形成了鲜明的对比，也透露出董卓希望通过正常途径，和平解决非常之事。袁绍表态，认为董卓废刘辩立刘协，是"废嫡立庶"，不可行。双方未达成共识。但袁绍并没有关上谈判的大门，说是此事重大，回去要与太傅袁隗商议。抬出袁隗，大概也有压压董卓气焰的意思。董卓大概很着急，会谈未及预期，诚意放下，怒气上来，开骂："竖子！天下事岂不决我？我今为之，谁敢不从？尔谓董卓刀为不利乎！"袁绍毫不示弱："天下健者，岂唯董公？"遂横刀长揖而去。[2] 横刀之举，意味着什么？在不久的将来，袁绍会以强者的姿态，正式向董卓宣战。这是后话。

而接下来董卓的表现，的确证明了他很着急。癸酉日，董卓进京第三天，在与袁绍私下沟通无果后，即召开百僚大会，依据伊尹、霍光故事，正式提出要立刘协为帝。并且，明确会场纪律：不同意者，军法从事。屠刀下的选边站队，群僚惊恐，唯有尚书卢植说不。好在有海内大儒的名号护体，董卓虽起杀心，也只以免官处置。首辅袁隗表态：如议。

189年9月27日

---

[1] 据《后汉纪》卷二五《孝灵皇帝纪》下及《后汉书》卷八《孝灵帝纪》相关记载，董卓以"久雨不止"为由，免了原司空的职，自己取而代之。而《三国志》卷六《董卓传》所记"久不雨"为误，"不"为衍字。
[2]《三国志》卷六《袁绍传》注引《献帝春秋》。

189年9月28日　明日，九月甲戌朔，董卓进京第四天，北宫崇德殿，朝会。尚书宣布了"废立"策：

> 孝灵皇帝不究高宗眉寿之祚，早弃臣子。皇帝承绍，海内侧望，而帝天姿轻佻，威仪不恪，在丧慢惰，衰如故焉；凶德既彰，淫秽发闻，损辱神器，忝污宗庙。皇太后教无母仪，统政荒乱。永乐太后暴崩，众论惑焉。三纲之道，天地之纪，而乃有阙，罪之大者。陈留王协，圣德伟茂，规矩邈然，丰下兑上，有尧图之表，居丧哀戚，言不及邪，岐嶷之性，有周成之懿。休声美称，天下所闻，宜承洪业，为万世统，可以承宗庙。废皇帝为弘农王。皇太后还政。[1]

策文宣读完毕，尚书又引《春秋》大义，表露心声："今大臣量宜为社稷计，诚合天人，请称万岁。"[2] 显然，尚书这是代表群臣在表态。太傅袁隗即上前解下少帝玺绶，扶他下殿，北面称臣，陈留王即位，他就是东汉末代皇帝——献帝。何太后哽咽流涕。群臣无语。

废立演成，意义凸显：

---

[1]《三国志》卷六《董卓传》注引《献帝起居注》。
[2]《后汉纪》卷二五《孝灵皇帝纪》下，尚书为丁宫。据此，可推断宣读策文的应是同一人。而丁宫曾位居司空、司徒，在士大夫官僚中是具有影响力的领袖级人物。

创造了臣立君的继统新模式。这一新模式的成立，又极富戏剧性。在倡导者——董卓无声无息的注视下，既无天意所佑，又无太后诏命，群臣参演，一下一上，忙碌了太傅，一场反传统的悲情戏。决定谁做皇帝的不是沉默的大多数，而是强臣董卓。只不过，新模式还拖着旧尾巴，九岁的献帝，还是个孩子。

以皇太后还政为标志，东汉自和帝以来百余年间形成的皇权复合体彻底解体。士大夫也被迫实现了臣权自强的政治夙愿。[1]

即便如此，营造了新政治图景的董卓也绝非士大夫所企盼的强臣，这主要表现在三个方面：

第一，董卓的性格缺陷，"强忍寡义，志欲无厌"[2]，使士大夫难与之为伍；

第二，董卓自认已故董后为亲，在逼迫董后归藩中站在何进一方的士大夫，心生畏惧；

第三，废少立献，使董卓专权势在必然。导致东汉帝国的覆亡，也在其规划之中，董卓曾对袁绍明言："刘氏种不足复遗。"[3]这已超越士大夫传统政治理念，一时很难为士大夫所接受。

---

[1] 董卓于九月丙子，废少立献后第三天，以其人之道还治其人之身，　189年9月30日
　　鸩杀何太后，了结了太后临朝的可能，为献帝报了仇。
[2]《后汉书》卷七〇《郑泰传》。
[3]《三国志》卷六《袁绍传》。

由此，士大夫会加速摆脱董卓的羁缚，转而进行直接的对抗。开始时，还打着讨贼的大旗，忽而就升级到彼此间的对抗，在现实利益的驱动下，在实力的比拼中，原本抵触、不予接受的董卓，虽还是口诛笔伐的对象，却成了心目中效仿的偶像，士大夫——强臣——诸侯——天子，一路走去，政权更替也就在士大夫的演变中，第一次演出了"兵民未叛而吏士大夫先叛"[1]的大戏。

---

[1]（宋）叶适《习学记言序目》卷二七。中国在进入帝国时代后，秦汉之际、两汉之际均以底层农民起义的暴力革命方式实现政权更替。新莽则效仿上古禅代，走了"和平"路线。而汉末，则是士大夫官僚走上强臣之路，以暴力为手段，以实力为依托，开启了三十年的割据模式。

四 关东联盟

暂避锋芒：曲意合作的真相

董卓打进京以来，就成了晚秋雒阳城中最忙的人。与袁绍谈判，开百僚大会，废少立献，逼太后还政，鸩杀太后，整合京师武备，一桩桩，一件件，凭借武力胁迫，要个瞒天过海的计策，大都得偿所愿。然而，尘埃终有落定时。把自己拔到了宰相的位置，就要打理日常的政务，文山会海，交给"敝肠狗态"[1]的羌胡兵，怕是要弄天大的笑话。

正在董卓发愁的时候，"救星"来了。尚书周毖和城门校尉伍琼主动登门拜谒。周毖，史书上对他的记载很有限，甚至对他是哪里人还有争议。伍琼，也是一个说不清楚的人物，史家怀疑他就是"奔走之友"之一，后来入何进府的侠客伍孚。这二人，实际就是士大夫选出的与董卓进行政治谈判的代表。周、伍二人与董卓谈判的主要内容，是希望董卓来担当中兴之臣的角色，选用天下名士，修葺行将崩溃的帝国大厦。周、伍的用心是否真实，日后自见分晓。

既然士大夫主动伸出了他们"友谊"的双手，董卓又

---

[1] 董卓在拒任少府的上书中对自己亲兵的描述，见《后汉书》卷七二《董卓传》。

何乐而不为呢？

于是，董卓就"爽快"地同意了周、伍二人的建议，委托他们来组建新一届士人政府。并且为了表示诚意，董卓会同司徒黄琬、司空杨彪"俱带铁锧诣阙上书"[1]，要求给窦武、陈蕃和党人们平反。这里所说的铁锧，是刑具，轻易动不得，只有在极刑中才会使用。把它带上，就是要让天下人都知道，董卓连命都可以不要，也要还党人一个清白。武人和士人必须精诚合作。

周、伍二人的组建工作也在紧锣密鼓地进行着，他们主要做了两件事：

第一，征辟名士。此次受到征辟的名士应为数不少，像郑玄、荀爽、申屠蟠、蔡邕、陈纪、韩融、郑泰、何颙等人都名列其间，这看上去似乎就是何进招揽海内名士的翻版，董卓的心理大概也同当年何进一样，要借大名士们来装点自己主政的朝廷，并且心情还异常急切。譬如，对于当年因病没有抵京的荀爽，开始是让他做个平原相，地方官；在其赴任途中，又征他入朝，官拜光禄勋，位列九卿；过了三天，再度高升其为司空。荀爽从处士到宰相，前前后后不过九十五天的时间。从荀爽的火箭提拔，亦可看出董卓对大名士的拉拢。但是要让荀爽这样的名士因此党附董卓，可能性并不大。更令人生疑的是，党人革命派代表人物、袁绍挚友、何进谋主何颙出现在新政府名单

---

[1]《后汉书》卷七二《董卓传》。

中，被董卓委以重任，出任卓府长史。废少立献后，作为自我奖励，董卓荣升三公之首的太尉。太尉长史的秩级不高，但能起到的作用极大，"毗佐三台，助成鼎味"[1]，非亲信不得出任。关键位置上出现何颙，大概率会发生针对董卓的大事件，拭目以待吧！

第二，京官外任。在周、伍二人的策划下，董卓任命尚书韩馥为冀州刺史，侍中刘岱为兖州刺史，骑都尉张邈为陈留太守，孔伷为豫州刺史，张咨为南阳太守。另外，尚书郎许靖也在外任之列，安排去做巴郡太守，未成行，留京做了御史中丞。许靖，是著名的人才专家，与堂弟许劭主持的"月旦评"，闻名天下，能得其一语，就足以光耀士林。许靖还是周毖组建新一届政府的助手。此次京官外任州郡长官，从表面看来，是在献帝初立之际，安抚地方的措施，以便保障董卓政令的下达。似无可生疑之处。

在京官外任前后，还有一股离京逃亡的暗流在涌动着。

出逃的代表是袁绍、袁术，还有曹操。在与董卓谈判破裂后，袁绍即"悬节于上东门"[2]，北上逃往冀州；袁术则选择南下，出奔南阳；曹操"变易姓名，间行东归"[3]，落脚于陈留（今河南开封）……

---

[1]（东汉）应劭撰《汉官仪》卷上，见（清）孙星衍等辑，周天游点校《汉官六种》。
[2]《后汉书》卷七四上《袁绍传》。
[3]《三国志》卷一《武帝纪》。

四、关东联盟

而且外任与逃亡有着某种巧合：袁绍去的冀州，韩馥做了刺史；袁术要去的南阳，张咨做了太守；曹操落脚的陈留，张邈是太守，刘岱是兖州的刺史。

巧合的背后隐藏着周、伍行政与袁绍等人里应外合讨伐董卓的大秘密。前面讲过回京的鲍信要袁绍袭杀董卓，在当时雒阳城中想这么做的不止鲍信一人，像伊阙都尉张承，与袁绍一样，也是公子党，看不惯董卓的跋扈，就想除掉他，其弟张昭加以劝阻：

> 今欲诛卓，众寡不敌，且起一朝之谋，战阡陌之民，士不素抚，兵不练习，难以成功。卓阻兵而无义，固不能久；不若择所归附，待时而动，然后可以如志。[1]

张昭提出的"待时而动"，应是有识之士在面对强大董卓时的最佳选择。京官外任，袁绍等人出逃，终将要汇聚在一起，扭转众寡不敌的局面，制造时机，诛除董卓。

事实上，直到雒阳城外义旗飘扬时，董卓才意识到周、伍对他的"欺骗"：

> 诸君言当拔用善士，卓从君计，不欲违天下人

---

[1]《三国志》卷一一《张范传》。

心。而诸君所用人，至官之日，还来相图。卓何用相负！[1]

董卓之所以反应迟钝，是受到了三方面的干扰：

一、来自朝中名士们的"蛊惑"，他们要董卓息事宁人。袁绍等人出逃，董卓完全可以动用国家机器，对其缉捕拿办，而且他一度也是这么做的。如，曹操拒绝与董卓合作，改名换姓，偷偷逃离雒阳，在进入中牟县（今河南中牟）的时候，被一亭长认定为形迹可疑之人，遂遭拘捕，这时董卓发下的缉拿曹操的文书也来到了中牟县，可见当时的国家机器还在高效地运转着。如果不是中牟县功曹认为曹操是"天下雄俊"[2]级的人物，请示县令放了他，曹操恐怕难逃此劫。对于袁绍，起初董卓的本意是严惩不贷，后来转为另案处置，不仅让他在冀州境内有了官身，做了渤海太守，还封了侯。似在表明：与董卓作对，无罪有功。董卓之所以这样做，是因为备受董卓信赖的朝中名士们对他做了一次洗脑的工作，名士们如是说：袁氏是政治世家，在东汉政坛上有影响，董卓要是把袁绍逼急了，他起兵造反，那可是一呼百应。不如既往不咎，让他在外面做个官，安抚为上。这样做了，袁绍一定不会捣乱！

---

[1]《三国志》卷三八《许靖传》。
[2]《三国志》卷一《武帝纪》注引《世语》。

二、白波军在河东（在洛阳西北，主要地区位于今山西南部）的活动，有割断雒阳与西部交通的可能。白波军是黄巾余部，因起于西河白波谷（今山西省襄汾西南）而得名。董卓此前被诏出任并州牧，就有剿灭白波军的使命。白波军一旦控制河东，就会使董卓与大后方——凉州失去联系，而确保雒阳与西部交通的顺畅，对于稳定凉州军的军心至关重要。作为凉州军中的精锐，秦胡兵和湟中义从有着浓重的恋乡情结。当年，"凉州三明"之一的段颎率领湟中义从对羌作战，时间一长，义从们想家了，就不打仗了，结果段颎被治罪，"输作左校"[1]，劳动改造去了。凉州军是董卓立命的根本，战斗力必须得到保障，不容出一点闪失。于是，董卓便派自己女婿牛辅为主将，率部进入河东，试图控制局势，但一番努力并没有达到预期的效果，牛辅大败而归，董卓就有了顾虑。

三、左将军皇甫嵩坐镇西部，是董卓的心腹之患。灵帝中平五年，凉州爆发了以王国为首的武装暴动，王国军东进，围困陈仓（今陕西宝鸡东），危及三辅。汉廷任命左将军皇甫嵩为统帅，以前将军董卓为副，各率精兵二万，前往解围。中平六年，朝廷要解除董卓兵权，先后下诏任命他为少府、并州牧，在两次诏书中都明确指令董卓所部人马转归皇甫嵩指挥。这样，在董卓讨价还价后，

---

[1]《后汉书》卷六五《段颎传》。

带走三千亲兵，皇甫嵩的兵力则近四万人，驻屯于扶风（扶风治在槐里，今陕西兴平）。我们前面已经知道，皇甫嵩没有董卓那样的野心，一心一意要做忠臣。董卓又和皇甫嵩不和。皇甫嵩要起兵讨伐董卓，董卓未必是对手。想到皇甫嵩的强势，董卓又多了一重顾虑。更何况，在西部已经有人开始鼓动皇甫嵩为正义一战。此人就是盖勋。盖勋，敦煌（今甘肃瓜州）人，在西部是大名鼎鼎的人物，他曾经在灵帝组建西园军的时候入京，任讨房校尉，与袁绍结识，共谋诛除宦官大计。后任京兆尹。在得知董卓行废立之举的消息后，他就上书予以警告：

> 昔伊尹、霍光，权以立功，犹可寒心，足下小丑，何以终此？贺者在门，吊者在庐，可不慎哉！[1]

警告之后，盖勋行动起来，开始联络皇甫嵩东征。这怎能让董卓安心！

西部，让董卓愁眉不展。东部，亦非董卓所愿。

不思进取：兴兵赴国难却因势利散

初平元年。　　　　　　　　　　　　　　　　190年

新年伊始，义旗飘扬，关东联盟宣告成立，袁绍被推

---

[1]《后汉书》卷五八《盖勋传》。

为盟主。传闻，袁绍之所以选择这个时候起兵，是因为新年号与自己的字（袁绍字本初）有相合之处，他认为起兵一定能获成功。[1]作为周、伍行政所要掩护的"运动"，起兵是迟早要发生的事情。并且为了这一天的到来，统一起兵的讯号已经设计完成，由东郡太守桥瑁向各地发出，形式依然沿袭实施"除患"计划时使用的伪造文书，"诈作京师三公移书与州郡，陈卓罪恶，云'见逼迫，无以自救，企望义兵，解国患难'"[2]。这份伪造的公文用意有二：

一是，赋予州郡起兵的合法性。这一点是典型的袁绍式思维，举非常之事，也要按部就班，循规蹈矩，先要破除州郡不得随意募兵的障碍，在制度上寻找到起兵的合法性。是为官僚革命的作风。

二是，树董卓为国贼，彰显正义性。但是，恰恰是在正义性环节上，公文语焉不详，想伸张正义，却有些暧昧。所谓"见逼迫"，是三公？朝臣？还是天子？也许是管中窥豹，枉自疑虑。可是，细加推敲，或可拨云见日。如果是三公、朝臣的话，至多是政见分歧，谈不上逼迫，更难言国难，到不了兵戎相见的地步。那么这受到逼迫的必然是天子。问题是，这天子是废帝，还是新君呢？如果是废帝，皇帝都做不成，这受到的逼迫有多大，堪称国难；如果是新君，其成于董卓之手，董卓对其喜爱有加，

---

[1]《三国志》卷六《袁绍传》注引《英雄记》。
[2]《三国志》卷一《武帝纪》注引《英雄记》。

如董卓有罪，新君亦为非法，当同为攻伐之的。如董卓假新君之命，解散义兵，则出师无名，正义不在。从这层意义上讲，新君更像是起义的绊脚石。

故而，受到逼迫的只能是废帝刘辩，国难的生成源于董卓的废少立献。这份公文还起到了临时盟约的作用。

假公文一经发出，州郡响应。按照起兵的地域，可见：

1.冀州——渤海太守袁绍、冀州刺史韩馥、故虎牙都尉刘勋、前西园军假司马张杨、匈奴单于於扶罗。

2.兖州——兖州刺史刘岱、陈留太守张邈、山阳太守袁遗、东郡太守桥瑁、济北相鲍信、前典军校尉曹操、刘备[1]。

3.豫州——豫州刺史孔伷、颍川太守李旻、陈国相许玚。

4.徐州——广陵太守张超。

5.青州——青州刺史焦和。

6.荆州——后将军袁术、荆州刺史王叡、南阳太守张咨、长沙太守孙坚。

7.并州——西河太守崔钧。

8.司隶——河内太守王匡。

从兵力部署来看，主要有四大集团：

1.西北集团——进驻河内（治在怀县，今河南武陟南）

---

[1]《三国志》卷三二《先主传》注引《英雄记》有刘备随曹操募兵的经历，"备亦起军从讨董卓"。

的袁绍、王匡部。冀州从事赵浮、程奂率强弩万人，船数百艘驻屯孟津；冀州刺史韩馥驻邺城（今河北临漳），作为全军后勤保障；张杨、於扶罗则屯于漳水一带。主力是王匡招募的泰山兵和冀州强弩，泰山兵前锋已经布防于河阳津，隔河与雒阳相望，最早进入临战状态。

2. 中部集团——进驻酸枣（今河南延津）的刘岱、张邈、张超、桥瑁、袁遗、鲍信、曹操等部。除张超的广陵兵外，大都是兖州子弟兵。其中曹操有两次募兵的经历，第一次是在陈留孝廉卫兹的资助下，募兵五千；第二次是在汴水之战后，前往扬州募兵，募得四千余人，回来的路上跑了三千五，又沿路募得千人，共计千五百人。酸枣大营兵力总计十余万。

3. 西南集团——进驻颍川（治在阳翟，今河南禹州）的孔伷、李旻。以豫州兵为主。后孔伷部融入中部集团，李旻部并入南部集团。

4. 南部集团——进驻鲁阳（今河南鲁山）的袁术、孙坚部。主力是孙坚的长沙兵，战斗力一流。

关东联盟业已集结完毕，名士、州郡长官云集，诸多悬疑为之释然：周、伍行政是在为结盟做掩护，袁绍等人出逃，与京官外任州郡都是联盟成立的前奏。士大夫的武装化最终形成。接下来，就应凭借武力同董卓一决雌雄，搭救少帝，清整朝廷，可是事实却与口号相背离。

关东联盟成立后，只有两部人马有过主动出击的记录：

一是曹操弱旅战汴水。此战虽有张邈的策应，但还是被凉州军打得溃不成军，曹操只能退出战场，转往扬州募兵，以便整军再战；

一是孙坚孤军奋战。孙坚曾与董卓共事，对于董卓很了解，前文已讲过他曾向当时主持西部军事的张温建议，将抗命不遵的董卓军法从事。此番与董卓交兵，凉州军并未占到丝毫便宜。董卓曾要求手下："孙坚小戆，颇能用人，当语诸将，使知忌之。"[1]他还派人去谈和亲，封官许愿。而让董卓忌惮的孙坚，却受到了自己人的算计，负责其后援的袁术，一度断供军粮。这仗打得极不舒心。

为什么关东联盟会出现普遍的结而不战，单单是惧怕董卓的武力？

董卓是主张对盟军开战的。他曾专门召开公卿会议，讨论出兵问题。会上，关于联盟和董卓之间的优劣对比，郑泰从军事素养、指挥才能、战斗力、战斗精神、道义归属等方面，为董卓做了分析，结论是：董卓对盟军具有碾压性优势，不必大动干戈，盟军必败。董卓听完，信心膨胀，非要郑泰挂帅，去讨伐盟军。好在身边还有清醒的人，告诉董卓，郑泰可和你不是一条心，一旦领兵出征，就会和盟军兵合一处。董卓遂清醒，收回郑泰兵权。

不仅如此，清醒后的董卓还异常敏锐地发现了盟军的"死穴"——废帝刘辩。初平元年二月癸酉，二月的第三天，董卓派亲信带着鸩酒去见刘辩，告诉他："服此药， 190年3月26日

---

[1]《三国志》卷四六《孙坚传》注引《山阳公载记》。

可以辟恶。"十八岁的刘辩岂能不知自己的生命要走到尽头了:"我无疾,是欲杀我耳!"无力抗争,只能与妻唐姬做凄婉的诀别,悲歌声中尽是被逼迫的苦涩:

> 天道易兮我何艰!
> 弃万乘兮退守蕃。
> 逆臣见迫兮命不延,
> 逝将去汝兮适幽玄!

在与妻道出"从此长辞"后,便饮鸩而死。[1]

废帝刘辩之死,精准地打击了盟军的精神。原本否定董卓废帝行为的关东联盟,顿时失去了前进的坐标。毕竟,起义的政治诉求就是要否认废少立献,就是要恢复废帝皇统。而刘辩一死,摆在盟军面前的只有两条路可走:一是承认献帝皇统,听任董卓摆布;二是另立皇统,与雒阳政权彻底决裂。究竟应该怎么办?

联盟中部大营中的州郡长官们在酸枣设了坛场,宣读了一纸盟辞,大意是说:

> 汉室不幸,皇纲失统,贼臣董卓,祸害无穷,毒杀弘农,百姓被难,如此以往,社稷沦丧,四海倾覆,我们——兖州刺史刘岱、豫州刺史孔伷、陈留太

---

[1]《后汉书》卷十下《王美人传》。

守张邈、东郡太守桥瑁、广陵太守张超——要举义兵,赴国难,同盟中人,齐心一力,尽我臣节,粉身碎骨,在所不辞。有渝此盟,死于非命,祸及子孙。皇天后土,祖宗明灵,实皆鉴之。[1]

盟辞写得慷慨激昂,闻之倒也令人振奋。国难中展现臣节,印证的是士人舍身取义的价值观,是值得褒扬的行为。但较之此前的临时盟约,就不难发现,在这里国难已经变更:新国难成于"毒杀弘农",献帝仍旧没有得到尊崇。就此点而言,盟军也要根据形势的变化,做出相应的战略调整。可惜的是,只想以死抗争,"粉身碎骨"了,却没有创造出一个新天子,终极的政治目标没有找到,盟军无所适从。

而在酸枣会盟时,有一个细节,暴露了离心的倾向:坛场已经设好,刺史、郡守们互相谦让,谁也不愿意登坛主盟,俨然谁登坛场,灾难就将降临谁的头上似的。最后主盟者由广陵郡功曹臧洪来担任。盟辞发自功曹之口,究竟能代表共同意愿,还是臧洪的一家之言呢?恐怕与盟者都心知肚明。而袁绍、袁术、韩馥、王匡等尚在各自营盘中,对酸枣会盟表现淡然。缺少了他们的参与,酸枣会盟的意义又在哪里呢?是要分割士人刚刚积聚的武装,仅以酸枣之众去面对凶残的董卓吗?

---

[1] 原文见《三国志》卷七《臧洪传》。

当然不是。没有政治目标的酸枣盟辞只不过是应时的文章，它不具有丝毫的约束力，至于盟辞所郑重言及的对毁盟者的制裁，只是闪过耳边的咒语，又有几人会相信它的效力呢？之后的日子里，酸枣诸军悠闲地屯扎在营地中，诸将们则日日高歌纵酒。

而西北集团的袁绍和韩馥却在另一条道路上寻找着可能的转机，那就是拥立新帝。他们选定的目标人物是幽州牧刘虞。虽然二人在拥立的事情上竭尽心智，但并非是为了给联盟树立起一个终极的政治目标，来凝聚向心力。二人各有主意。而刘虞这位忠厚的长者，对此则大为气恼，认为立他为帝，就是"逆谋"，玷污了他的名声，坚决不做这个新皇帝。拥立的路也就走不下去了。

盟军仍旧在聚而不战。但是，这一局面不会维持多久了，没有了政治目标的关东联盟很快就要离散而去了。曹操在《蒿里行》一诗中这样写道：

> 关东有义士，兴兵讨群凶。初期会盟津，乃心在咸阳。军合力不齐，踌躇而雁行。势利使人争，嗣还自相戕。

曹操描述的是关东联盟从一开始的同心协力，到后来的分崩离析的过程。其间曹操提到的"势利"，就是导致联盟解散的关键所在。这在"自相戕"中得以揭示：

先来看中部集团中的兖州刺史刘岱，这本来是个讲

"孝悌仁恕"的谦谦君子，却对东郡太守桥瑁有了偏见，杀了他，派人接管了桥瑁的地盘；刘岱还给冀州治中刘子惠去了封信，信中这样写道："卓无道，天下所共攻，死在旦暮，不足为忧。但卓死之后，当复回师讨文节。拥强兵，何凶逆，宁可得置。"[1]刘岱杀性已起，杀了桥瑁还不算，还计划着要杀韩馥。

再来看盟主袁绍。他要取代冀州刺史韩馥的位置，韩馥手下人不答应，就劝韩馥断绝袁绍的后勤补给或直接与之兵戎相见。在袁绍实现了与韩馥之间的权力交接后，鲍信则认为袁绍实际上就是又一个董卓，他与曹操商议要"规大河之南，以待其变"[2]。张邈因为好意劝说袁绍几句，袁绍就不顾多年朋友的情谊，指使曹操去杀掉张邈，这件事因为曹操的反对而作罢。

还有那位孙坚，吴主孙权的父亲，在进军的过程中，先杀了刺史王叡，后杀南阳太守张咨。

……

汉末地方长官权重已经是有目共睹的事情，州郡牧守除了握有地方的政权，还拥有军权，在政局动荡不安的时候，属于他们的一州一郡，就是他们避乱的港湾，在这个相对独立的政治单元中，进可以争雄天下，退可以自保一方，完全可以不顾及皇权的存在与否，州郡就是他们

---

[1]《后汉书》卷七四上《袁绍传》注引《英雄记》。
[2]《三国志》卷一二《鲍勋传》注引《魏书》。

的"势利"所在，发现了它，关东联盟的自行瓦解只是一个时间早晚的事情。而关东联盟一旦瓦解，直接后果就是地方割据局面的全面出现。曹丕，曹操子，未来的魏国第一任皇帝，他在自己编著的《典论》中写下过这么一段文字，算是给当年关东联盟的聚散离合做出一个总结：

> 初平之元，董卓杀主鸩后，荡覆王室。是时四海既困中平之政，兼恶卓之凶逆，家家思乱，人人自危。山东牧守，咸以《春秋》之义，"卫人讨州吁于濮"，言人人皆得讨贼。于是大兴义兵，名豪大侠，富室强族，飘扬云会，万里相赴；兖、豫之师战于荥阳，河内之甲军于孟津。卓遂迁大驾，西都长安。而山东大者连郡国，中者婴城邑，小者聚阡陌，以还相吞灭。[1]

天下乱了，联盟散了，雒阳离州郡长官们越来越远，朝堂也就随它去吧，卸下道义的重负，去割据地方，去相互兼并，去得势利，去称诸侯，去做皇帝，去获得各自的生存空间。

迁都与招安：被抛弃的雒阳旧臣

董卓将废帝到弑王所引发的一连串的政治苦难全抛给

---

[1]《三国志》卷二《文帝纪》注引《典论·自叙》。

了士人，他轻而易举地做到了不战而屈士人之兵。关东联盟自己乱了。

同时，董卓继续保持其清醒的状态，开始肃清"内奸"。在废帝被毒杀第八天，二月庚辰，董卓杀周珌、伍琼。 190年4月2日

还有更为要命的西部安全问题。白波军居然没有继续南下，而是转向东部，西部交通还可保持畅通，董卓舒了口气。而面对要发动东征的盖勋和皇甫嵩，动用皇权，简单有效。董卓先是在皇甫嵩的驻地扶风设了一个汉安都护，总统西部军事，明摆着就是要剥夺皇甫嵩的军权。随后，天子诏书发出，征皇甫嵩入京任城门校尉。"夙夜在公，心不忘忠"[1]的皇甫嵩便匆匆踏上了进京的道路，将谋士梁衍的话置于脑后。

此前，梁衍在看到董卓发来的诏书时，就清楚地指出了当时的形势：

> 汉室微弱，阉竖乱朝，董卓虽诛之，而不能尽忠于国，遂复寇掠京邑，废立从意。今征将军，大则危祸，小则困辱。今卓在洛阳，天子来西，以将军之众，精兵三万，迎接至尊，奉令讨逆，发命海内，征兵群帅，袁氏逼其东，将军迫其西，此成禽也。[2]

---

[1]《后汉书》卷七一《皇甫嵩传》。
[2]《后汉书》卷七一《皇甫嵩传》。

可是，在这样的关键时刻，要使皇甫嵩驱动豪勇之气，去拯救国家于危难，还要给其一个名正言顺的认可，以免世代忠义蒙上图谋不轨的灰尘。这就是他的愚忠了，他不懂得国家行将不存，空守忠义的意义又在哪里呢？到头来，只害得京兆尹盖勋陪伴他去走完这条已是荆棘丛生的忠义之路。董卓在得知皇甫嵩已经离任后，悬着的一颗心总算落了地。

再看看城外，虽然盟军无精打采，但还是聚而不散。还时常蹦出个曹操、孙坚式的"愣头青"，制造惊吓。从军事角度思考，与其固守雒阳城池，与盟军对峙，不如退出这一是非之地，回归熟悉的西部故里，一来可以稳定凉州军心，二来也可以摆脱盟军的纠缠。西部，可是董卓的福地。主意既已拿定，董卓开会动议迁都长安，并且很合时宜地引用了谶语来印证迁都的合理性。却不成想，沉寂的朝堂之上竟然响起了一片异己的呼声，死水起了波澜。

司徒杨彪称："……今方建立圣主，光隆汉祚，而无故捐宫庙，弃园陵，恐百姓惊愕，不解此意，必糜沸蚁聚以致扰乱。《石苞室谶》，妖邪之书，岂可信用？"[1]

太尉黄琬说："昔周公营洛邑以宁姬，光武卜东都以隆汉，天之所启，神之所安。大业既定，岂宜妄有迁动，

---

[1]《三国志》卷六《董卓传》注引《续汉书》。

以亏四海之望？"[1]

河南尹朱儁称："国家西迁，必孤天下之望，以成山东之衅，臣不见其可也。"[2]

即将赴任的平原相陈纪则直截了当地说："天下有道，守在四夷。宜修德政，以怀不附。迁移至尊，诚计之末者。愚以公宜事委公卿，专精外任。其有违命，则威之以武。今关东兵起，民不堪命。若谦远朝政，率师讨伐，则涂炭之民，庶几可全。若欲徙万乘以自安，将有累卵之危，峥嵘之险也。"[3]

……

异己声起，董卓有些迷惑了。苟安于朝堂上的士大夫在废帝被害之时，哑然无声，既无愤怒之容，又无舍身取义之举。而今迁都较之废帝之死，轻重显然，而士大夫却慷慨陈辞，义无反顾，究竟是何激荡了士大夫的心弦？

很显然，雒阳朝臣反对迁都，同周毖、伍琼、郑泰一样，在发挥内应作用，达到滞留董卓的目的，以为关东联盟争取时间，就近采取军事行动。一旦迁都，不可控因素增加，会影响共纾国难、诛除国贼的进程。此时的朝臣还单方面对关东联盟抱有兴兵赴国难的幻想。

就在这一片激奋声中，"火箭"司空荀爽冷酷地说：

---

[1]《后汉书》卷六一《黄琬传》。
[2]《后汉书》卷七一《朱儁传》。
[3]《后汉书》卷六二《陈纪传》。

"相国岂乐迁都邪？今山东兵起，非可一日禁也，而关西尚静，故当迁之，以图秦汉之势。坚争不止，祸必有所归，吾不为也。"[1] 颍川荀氏是东汉士林名门，而在危难之时，抉择之际，荀爽取生存之路，弃道义于不顾，这是身处险境中的本能反应。而且，荀爽这种求生的欲望，已经表现不止一次，前面讲到李膺身罹党锢之难，罢官还乡，荀爽就曾经给他写信，恳求李膺远离政治，保全性命，"怡神无事，偃息衡门，任其飞沉，与时抑扬"[2]。在荀爽的思想里，个人是难以和时势相较高低的，只有活下来，或是善于隐藏自己，才能待时而动。

在已经经历劫难的苦痛中，和将要经历劫难的预期中，激越的心情在生存关怀中趋于沉寂，雒阳通往长安的大道上扬起尘埃，迁都已不可阻挡。在熊熊烈火中，繁华被付之一炬，财富被洗劫一空，霎那间，雒阳仿佛已是暮年垂老，逝去的将永远地逝去。[3] 此前，董卓已率凉州军进驻雒阳城东的罼圭苑。

迁都日为二月丁亥，即190年4月9日

在火烧两宫第十天，即将全部撤离雒阳城前夕，董卓又祭出狠毒一招，屠杀袁氏宗族自太傅袁隗以下男女五十

三月戊午，即190年5月10日

---

[1]《后汉纪》卷二六《孝献皇帝纪》。
[2]《后汉书》卷六七《党锢列传》之《李膺传》。
[3]《三国志》卷六《董卓传》注引《续汉书》："卓部兵烧洛阳城外面百里。又自将兵烧南北宫及宗庙、府库、民家，城内扫地殄尽。又收诸富室，以罪恶没入其财物，无辜而死者，不可胜计。"对雒阳的烧杀抢掠从二月丁亥起，一直延续到三月。

余口，继点中盟军"死穴"之后，又指向了盟主，国难之上再添家仇，与其说是在摧残袁绍、袁术兄弟的意志，不如说是在试探盟军是战是散。

都快三个月了，董卓没等到回音。测不出关东联盟的真实意图，会影响到他西归的大事。于是，他派出了五名招安大使：大鸿胪韩融、少府阴循、执金吾胡母班、将作大匠吴循、越骑校尉王瑰，前往关东联盟一探究竟。招安事成，则盟军解散，董卓无忧；招安失败，则有两种可能：一是招安者为盟军接纳，盟军仍旧认同雒阳旧臣，必将西向以解同志之厄，那董卓就要小心提防了；二是招安者遭到盟军的排斥，雒阳旧臣被抛弃，盟军亦无心西进，那董卓可闭关自守，做他的西北王。招安，实际上就是董卓施展的苦肉计。那么，招安的结局究竟怎样呢？

除去韩融外，其余四人皆命丧盟军之手。对于这突然的变故，胡母班在盟军的监牢中给他的妻兄——河内太守王匡写了一封信，倾述苦衷：

> 自古以来，未有下土诸侯举兵向京师者。《刘向传》曰"掷鼠忌器"，器犹忌之，况卓今处宫阙之内，以天子为藩屏，幼主在宫，如何可讨？仆与太傅马公、太仆赵岐、少府阴修俱受诏命。关东诸郡，虽实嫉卓，犹以衔奉王命，不敢玷辱。而足下独囚仆于狱，欲以衅鼓，此悖暴无道之甚者也。仆与董卓有何亲戚，义岂同恶？而足下张虎狼之口，吐长蛇之毒，

恚卓迁怒，何甚酷哉！死，人之所难，然耻为狂夫所害。若亡者有灵，当诉足下于皇天。夫婚姻者，祸福之机，今日著矣。曩为一体，今为血仇，亡人子二人，则君之甥，身没之后，慎勿令临仆尸骸也。[1]

面对死亡，胡母班大惑不解，王匡也不得其中要旨，只能抱着自己的两个外甥大声哭泣。但泪水并没有挽留住胡母班等人的生命，感化发布命令的袁绍那业已僵硬的心。

在袁绍，这位关东联盟领袖的眼中，已经没有了士人名士的影象，所有的一切都转化成现实利益的纠葛，他也毫不犹豫地拿起屠刀，刀起刀落间，士人间的温情就在鲜血崩溅中飞化了。自此之后，关东牧守与雒阳旧臣分隔东西。

在凄恻的哭泣声中，董卓心满意足地去了长安，他没有了顾虑。

在凄恻的哭泣声中，关东牧守们用黄土掩埋了"故我"，在滴血的刀剑下，衍生出一个残酷的"新我"。

---

[1]《三国志》卷六《袁绍传》注引谢承《后汉书》。

五

生存还是死亡

角色转变：从清流到地方实力派

在经历了流血的煎熬后，武人已经挟持着汉室遗孤和雒阳旧臣远去了，消失在角逐势利中诞生的新士人——关东牧守的视野中。新士人如何来面对这残酷的现实？是鼓足余勇进入雒阳，在瓦砾中，在断垣间，去寻觅昔日的情怀，还是卷起义旗，止息战鼓，隔绝东西，各为诸侯？

已经不必再去做出抉择，在连遭变难之后，新士人的旧日理想早已灰飞湮灭，既而转入对新的生存空间的营造，不想在那里，生的意义竟也是那般苦涩。在冀州刺史韩馥那里，就可见一斑了。

韩馥是从东汉文化重镇颍川走出的名士，是董卓进京后，周毖、伍琼行政中试图扭转政治颓势，清除董卓残暴力量而外派出任州郡长官的五名京官之一。但一旦踏上冀州的土地，韩馥的心情就起了变化。

汉末的冀州兵精粮足，士民殷盛，以如此之势来面对中原凋敝，优越感油然而生。在雒阳朝中，韩馥可以做他的清流，写一些官样的文章，抒发一下自己对时政的失望之情，表达一下自己除残去秽的强烈愿望，在士林中博得一个直言的美名。但是在冀州，韩馥集一州的军政大权于一身，严峻的社会现实，已经跃出笔端，他必须倾其才智，为己以及与己相关的群体利益尽心谋划，稍有不慎，冀州刺史就会成为阶下囚。现实的残酷，正一步步侵蚀着韩馥的身心。他不能也不敢再去实践一个纯名士的社会理想，然而，去做一个果敢的勇士，奔赴国难，即使是以冀州的强大实力为后盾，要与董卓那支横暴的凉州军相抗衡，韩馥也有数不清的顾虑。道义的光环慢慢地褪去了它的色泽，受制于理想与现实的双重压迫，韩馥又怎敢轻言去就？他的行为模写着其心理的变化，在袁绍首倡义兵讨伐董卓时，表现得越发明显。

袁绍自与董卓反目之后，便来到了冀州，而此时朝中名士们正在为他斡旋，使他免遭董卓的毒手。在周毖、伍琼、何颙等人的游说下，加之袁氏在朝中地位显赫，董卓"大度"地许给了袁绍一个渤海郡太守的官职，还封他做了邟乡侯。而汉末地方行政职权的划分，已经与前大不相同了，一州刺史不再是只执行监察权，而是统摄一州军政，这就使得袁绍成了韩馥的下属。但韩袁之间还有一层关系，袁氏四世五公，其门生故吏遍布天下，韩馥就是袁氏众多门生之一，根据东汉的官场规则，门生亦如前面讲到的故吏那样，一旦发达，有义务对自己宗师的后代眷顾有加，韩馥对于袁绍大概也不会端什么长官的架子吧？更何况，袁绍还是士人领袖。

当然，袁绍也不会把一个"小小"的渤海郡太守放在眼中，袁绍逃离雒阳的目的，就是要避开董卓的锋芒，纠集武装，反攻洛阳，有没有官衣，并不重要。他之所以要接受董卓的这份"恩赐"，无非想行事方便些，以汉官的名义讨伐本朝叛逆，名正言顺。

袁绍的激越，已是箭在弦上，不得不发了。而韩馥在抉择之际所表现出的无限犹疑，使得袁韩之间的摩擦不断地加剧。

先是，韩馥改变了初衷。韩馥离京就任冀州刺史，是周、伍行政中里应外合讨伐董卓计划中的重要一步，韩馥理应起兵。但是，在听说袁绍到了渤海，要树立义旗，兴兵伐董的时候，韩馥却慌忙派遣手下以州官的名义前往渤海，看住袁绍。然而，这丝毫起不到什么作用，士人以武力来对抗强暴是大势所趋，袁绍树立义旗只是一个时间早晚的问题，几个从事小吏又怎能阻拦住呢？况且，韩馥如果一味设置障碍，只会将自己扯进泥潭，既会遭到来自士人方面的唾弃，也不会获得董卓的好感，而做一只孤云野鹤，韩馥又没有这个心境。

袁绍起兵在即，冀州眼看就会因此卷入一场无望的战争，韩馥刚刚得到的殷实资本可能会化为乌有，这可如何是好？

恰恰就在这时，那份由桥瑁伪造的公文使得韩馥脱离了烦恼。这纸文书本是州郡起兵的讯号，但在韩馥眼中却成了帮助他摆脱无形利害纠葛的凭据。有了它，可以听任袁绍起兵；有了它，又可以避免事后可能出现的董卓问责。但这并不等于韩馥从此可以置身于政局之外，由袁绍起兵所激发的士人奔赴国难的炽烈情感，也在不同程度上感染了韩馥。

不过,他仍旧很苦恼。这时的苦恼从他与手下智囊刘子惠的一番谈话中,就可以体味到。

韩馥问:"今当助袁氏邪,助董卓邪?"

刘子惠答:"今兴兵为国,何谓袁董!"

韩馥面有愧色。刘子惠体谅他,宽慰他说:"兵者,凶事,不可为首。今宜往视他州,有发动者,然后和之,冀州于他州不为弱也,他人功未有在冀州之右者也。"[1]

刘子惠的体谅,实则是让韩馥基于实力,隔岸观火,明哲保身。但他却没有真正化解韩馥的苦恼。这时聚集在韩馥心头的愁云越来越浓,韩馥有些迷失方向了。究竟是什么在困扰着他呢?可以从两个方面来看:

一是袁绍起兵,韩馥聚一州之众全力资助,这对于韩馥和他的僚属都是不能接受的。正如冀州长史耿武等人说的那样:"冀州虽鄙,带甲百万,谷支十年。袁绍孤客穷军,仰我鼻息,譬如婴儿在股掌之上,绝其哺乳,立可饿杀。奈何欲以州与之?"[2]韩馥是不会把自己和冀州未来的命运托付给这样的人的,这对于韩馥来说,是"进"的苦恼;

二是凭借冀州的实力称雄一方,静观时局变迁,这未尝不是一个好的选择。但要真正做到却不是件容易的事

---

[1] 韩馥与刘子惠对话见于《三国志》卷一《武帝纪》注引《英雄记》。
[2] 《后汉书》卷七四上《袁绍传》。

情。从冀州的地理环境来看，它与司隶、青、兖、并、幽诸州接壤，战略地位十分重要。这块兵家必争之地，早就成为豪强觊觎的肥肉，前面提到的兖州刺史刘岱在给刘子惠的信中就扬言要在董卓死后讨伐韩馥，冀州的南面险象已生；冀州的北面有虎视眈眈、急于进入中原的幽州公孙瓒；东面，袁绍正蓄势待发；西面有彪悍的黑山军盘踞在山岭间，时时会对韩馥构成威胁。韩馥身处其中，如何从容自保？这是"退"的苦恼。

在进退两难中，韩馥的犹疑之心依然。

但形势的压迫，使得他也不能不做出一种亲善的姿态，去响应士人讨伐残暴的义举。于是，他在邺城做出与已进驻河内的袁绍和王匡遥相呼应的姿态，以供应前方粮草之名推卸了冲锋陷阵的责任，避免了与董卓的直接冲突。即使这样，他也未全身心地投入进去，对于所承担的粮草供应，也是尽可能地敷衍，试图解散前线武装。现如今，韩馥满脑子想的，不是道义，而是自己的冀州。

就这样，韩馥在邺城苦苦熬了一年。

弄潮儿：机关算尽总是空

一年后的韩馥，突然像变了一个人似的，不再一味地躲在幕后，思前想后，也不再去做那些牵制盟军手脚的事情，他也"勇敢"地站了出来，做了一次弄潮儿。

初平二年开春，袁绍、韩馥联手提议拥立幽州刺史刘　191年虞为帝。韩馥抢尽了风头。在写给袁术的信中，韩馥首提献帝"非孝灵子"的骇人新闻，是真是假，不是韩馥的事，他的任务是必须否定献帝的皇统，为刘虞称帝扫清道路。既而又旁征博引，论证了刘虞为帝的合理性，称道刘虞功德无量，又是汉室近宗，并搬出周勃、灌婴安汉的故事，作为拥立的合法依据——顺带给自己做了定位，即中兴名臣，还使用了当时最有效的谶语，来证明上天早就有意让这位仁人长者做皇帝了。

韩馥积极推动拥立，本身就匪夷所思。难道是袁氏家祸的刺激，唤起了韩馥作为袁氏故吏的勇气，使其立志要成为一个扭转乾坤的英雄吗？毕竟在那时，打着为袁氏报仇的豪杰比比皆是[1]。袁氏幸存者也希望借势进步，袁绍从弟、济阴太守袁叙在给袁绍的信中写道："今海内丧败，天意实在我家，神应有征，当在尊兄。"[2]袁绍要做皇帝，在那时还是个不能公开的秘密。家仇大于国难，袁绍搞拥立，更像是一次演练，为自己称帝做个前期准备。而韩馥搞拥立，自然也在打着自己的小算盘。

拥立刘虞为帝，是一举两得的事情：既可以标榜自己心向汉室，博得忠义的好名声，又可以表明自己的实力

---

[1]《三国志》卷六《袁绍传》："卓闻绍得关东，乃悉诛绍宗族太傅隗等。当是时，豪侠多附绍，皆思为之报，州郡蜂起，莫不假其名。"
[2]《三国志》卷一《武帝纪》注引《献帝起居注》。

足以担当重任，其魄力决不在袁绍之下。至于拥立成功与否，不用担心。成功，韩馥是新朝的功臣；失败，有"盟主"代他受过。

正当韩馥踌躇满怀时，刘虞拒绝称帝，他心心念念的冀州也是危机四伏，袁绍要取而代之。

客死他乡：生的惨淡与死的无奈

袁绍自从主盟以来，雄霸之心与日俱增，但他也深刻感受到要成就大事，依靠别人的同情、资助，显然不行，必须要有一个稳固殷实的根据地。兵精粮足、户口殷实的冀州是不二之选。

春去秋来，袁绍调集兵马向冀州界开进，进驻朝歌清水口。他还密邀幽州公孙瓒南下，向冀州施压。而公孙瓒本人早已迫不及待，率部杀入冀州。盘踞在冀州西部山区的黑山军这时也活跃起来，攻城夺寨，忙得不亦乐乎。内忧外患，韩馥愁上心头，刚刚培养起来的豪情壮志转瞬就熄灭了，慌忙自保。

首先，韩馥自恃冀州兵精将勇，决定用武力解决已经出现在冀州北部的幽州军。然而，与公孙瓒在安平（今河北安平）稍试兵锋之后，韩馥立刻感受到以"白马义从"为中坚的幽州军绝非浪得虚名，他们的步骑冲锋，彪悍凶猛，使得冀州军难于招架。

猝不及防，韩馥麾下大将麹义与韩馥分道扬镳，投奔袁绍去了，冀州军力为之大损。对于袁绍来说，麹义的加盟，使他更加坚定了夺取冀州的决心。

局势开始向不利于韩馥的一面发展，为了在夹缝中生存，韩馥需要做出选择：放弃武力，以退为进，出让冀州，放任多方势力在冀州的土地上拼个你死我活，待到元气大伤之际，他再出面收拾残局，鹬蚌相争，渔翁得利。值得一试！

主意拿定，但在韩馥尚未行动之际，袁绍的说客就来拜访韩馥了。你一言我一语，说客剖析了韩馥现在的窘境，颂扬了袁绍的伟大，认为只要韩馥将冀州拱手相让，就一定会得到一个让贤的美名。这下，韩馥倒落了个顺水人情，他毫不迟疑地将冀州刺史的印绶交给了袁绍。

韩馥出让冀州的举动，大大刺伤了冀州文武的自尊。他们纷纷要求韩馥收回成命，程奂、赵浮等请缨出战，要与袁绍一决雌雄。在他们眼中，纷争已无法避免，实力就是最好的生存屏障，袁绍居然以孤弱无援为优势，用友情做交易，实在是可恶之极。区区袁绍，只要冀州精锐一出，不出十日，就会溃不成军，韩馥又何必惶恐成这个样，完全可以高枕无忧啊！

从实力出发，他们根本就猜不到韩馥的良苦用心。在韩馥固执己见下，冀州改换门庭。

在最初的一段时间里，冀州的局势确实是按韩馥预期的那样发展着，袁绍与公孙瓒全面交恶。公孙瓒在讨伐袁绍的檄文中，非常郑重地将袁绍骗取韩馥治下的冀州作为袁绍十大罪状之一,晓之天下。为此,冀州诸城向公孙瓒敞开了大门。公孙瓒的势力也就随之急速扩张,甚至染足青、兖二州。袁绍则每况愈下,苦苦支撑着他的疲敝之师,看来他以失败者的身份灰溜溜地逃离冀州,只是个时间早晚的问题,韩馥就要再次出山。

谁知风云突变,界桥一战,袁绍居然凭借麹义,奇兵制胜,公孙瓒竟然一败涂地,无力再战,匆匆收拾残兵败将撤回幽州去了。冀州迷局豁然开朗,袁绍成了胜利者,牢牢地控制了这方土地。而袁绍的胜利对于韩馥来说,可不是什么好消息,一丝不祥袭上了他的心头:他会成为袁绍的"阶下囚"。

虽然袁绍并没有对这位前冀州刺史采取非常措施,但韩馥已经有些坐立不安了。在袁绍那里,文武群臣大多都是韩馥旧部,而且多与韩馥有嫌隙旧怨,他们要报复韩馥,易如反掌。况且袁绍又不是一个有度量的人,韩馥已是刀俎之肉,袁绍岂能放过他?

思前想后,韩馥决计离开这块是非之地,远遁他乡,苟活于乱世吧!

可是,就这么离去,袁绍那里肯定不会答应的,而朱汉事件的发生使韩馥寻找到了一个离去的借口。朱汉本是韩馥旧部,此时做了袁绍的都官从事。韩馥执政冀州时,朱汉并没有受到应有的礼遇,他一直怀恨在心。加上他知道袁、韩之间的纠葛,为了得到新主的赏识,并且发泄一下私愤,他便擅自率兵围攻了韩馥的府邸,致使韩馥长子被殴伤。而袁绍这时刚刚在冀州站稳脚跟，百业待兴，他不想因为韩馥的闪失而失去民心，落个骂名，便杀了朱汉，算是给韩馥赔罪，对于韩馥要离开冀州的要求也就不好阻拦了。

韩馥得以全身脱险。他决计投奔陈留太守张邈，而张邈可是袁绍的"奔走之友"，他去投奔张邈，不等于又入虎穴吗？并非如此。张邈与袁绍的友谊早已是明日黄花。在关东联盟期间，袁、张已经反目成仇，袁绍甚至指令曹操去杀掉张邈。韩馥掌握这一信息，投奔张邈，既可在这位实力派的羽翼下，过上一段舒心的日子，也可免去袁绍的纠缠。

但是，作为流亡者，韩馥已经失去了自保的能力，只能被动地接受他人的施舍。在张邈那儿，他能扮演怎样的一个角色呢？是嘉宾？是幕僚？恐怕连张邈也不知道怎样安置这位昔日的冀州刺史。韩馥也只能在苦闷中度日。

不知过了多少日子。一天，袁绍的使者竟然来会晤张邈了，而恰恰韩馥陪坐在那里。使者与张邈的一番耳语，一下刺激了韩馥原本松弛的神经，他不能不去思忖耳语的秘密，是袁、张之间的仇怨已经化解？是袁绍要假张邈之手向自己开刀？是张邈要拿自己去取悦袁绍？还是袁、张的交易涉及自己的安危？……

生的意义变得凄惨黯淡，韩馥已经无法自持，他再也看不到自己生命道路上的阳光，眼前一片漆黑，他彻底绝望了，心念被胶固在此时此刻，他茫然地走出张邈的大堂,在"溷(厕所)中"用一把书刀结束了自己的生命。

韩馥就这样走了,他的消逝,是汉末新士人在探求各自生存道路上一次血的体验。在武力张扬的时代,在道义泯灭的衰世中,生的飘摇,催醒了新士人对生命的关怀,但,要斩断横亘在生命道路上的重重荆棘,需要付出的又实在是太多太多了。

六

旧都浮尘

行刺：孤立无援中的自救

初平二年的春风吹拂过中原的土地，却总也无法催醒那沉睡的生机。只有雒阳废墟在丝丝烟缕中哀叹着荒凉与孤寂。

此情此景，触动了人们感怀的心灵，一首首悲歌被缓缓地吟唱出来：

惟汉二十二世，所任诚不良。沐猴而冠带，知小而谋强。

犹豫不敢断，因狩执君王。白虹为贯日，己亦先受殃。

贼臣持国柄，杀主灭宇京。荡覆帝基业，宗庙以燔丧。

播越西迁移，号泣而且行。瞻彼洛城郭，微子为哀伤。[1]

西京乱无象，豺虎方遘患。复弃中国去，远身适荆蛮。

亲戚对我悲，朋友相追攀。出门无所见，白骨蔽

---

[1] 曹操《薤露》。

平原。

路有饥妇人，抱子弃草间。顾闻号泣声，挥涕独不还。

未知身死处，何能两相完。驱马弃之去，不忍听此言。

南登霸陵岸，回首望长安。悟彼下泉人，喟然伤心肝。[1]

在完成雒阳以西的布防后，董卓于四月回到长安。战鼓渐息，义旗飘散，关东联盟也自行解体。函谷关为双方默认的东西分界。关东牧守为一城一地的得失互相争斗着，以"实力"为中心的多元格局正在快速形成中，这正是新士人在道义泯灭之后，基于自身生存利益，由消极怯懦走向普遍强权的必由之路；关西则处在武人的压制之下，西迁的雒阳旧臣一边过着囚徒般的生活，一边思图生机的再现。缺少了关东士人武力的支持，旧臣们真的会有所作为吗？

旧臣中，荀攸、郑泰、何颙、种辑、伍孚等人形成了秘密的结社，密谋诛杀董卓。种辑，事迹不显，可能与种暠、种劭同族，他还将在后面的衣带诏事件中出现。荀攸、郑泰、何颙、伍孚，都是何进招揽的海内谋士，是诛杀宦官的谋主。在董卓进京后，郑泰、何颙又受到董卓的信赖。他们原本就与袁绍等关东士人有着密切关系，把董

---

[1] 王粲《七哀诗》。

卓视为敌人，并不奇怪，而且他们可能就是此前周毖、伍琼行政中诛除董卓的在朝中坚力量。但奇怪的是，在他们的思想深处却孕育着一种"另类"的倾向，这在他们的谋划中就已经表露了出来：

> 董卓无道，甚于桀、纣，天下皆怨之，虽资强兵，实一匹夫耳。今直刺杀之，以谢百姓，然后据殽、函，辅王命以号令天下，此桓、文之举也。[1]

刺杀董卓是任务之一，而杀董卓后的安排却是隔绝东西，视天子为傀儡，"挟天子"以争霸天下，关东士人已非故友。看来，士人阵营的分裂已不仅仅是关东士人对雒阳旧臣的舍弃，荀攸等人表现出的对天子的态度，即将成为一种政治思潮。

荀攸等人要刺杀董卓，得到了老臣们的赞同，司空荀爽、司徒王允、司隶校尉黄琬也参与其中。荀爽，不必再着笔墨了吧。然而，在迁都时保持低调的他，为何要舍生就险呢？这与他一贯的思想相差太远。或许是因为，远离了关东武装，身陷死地，自觉时势不会逆转，苟活于世已无意义，不如拼死一搏！可惜的是，在西迁两月之后，荀爽就去世了；王允，当年何进幕府中的一员，是袁绍的重要助手。在董卓面前，王允很懂得隐藏自己的信念，董卓也就把他当成

---

[1]《三国志》卷一〇《荀攸传》。

自己人看待；黄琬，名公黄琼之后，在迁都之议中站在董卓的对立面，受到打击，被罢官，到长安后，做了司隶校尉。

作为刺杀董卓计划中的一步，王允与黄琬、郑泰谋划了一次大胆的人事调配，由王允向董卓直接提出：

> （王允）乃上护羌校尉杨瓒行左将军事，执金吾士孙瑞为南阳太守，并将兵出武关道，以讨袁术为名，实欲分路征卓，而后拔天子还洛阳。[1]

谋求武装，对抗董卓，就是这次谋划的核心。但董卓对此戒备十足，虽然有堂而皇之的旗号，但是与武装沾边，又与当年韩馥等京官外任地方有着雷同之处，董卓绝不答应。王允等人的计划随之流产。

而激进的士人已经无法抑制仇恨的心情，毅然走向了杀身取义的道路，侠客伍孚就是他们的代表。

一日，伍孚内着小铠，在朝服内暗藏佩刀，去见董卓。一番言语之后，伍孚告辞离去，董卓送至门口，就在此时，伍孚拔出佩刀直刺董卓，怎奈董卓出身行伍，身手也颇为敏捷，遭遇突变，却也能避开这致命一击，伍孚则被董卓手下拿下。董卓对此大为不解，问伍孚："卿欲反邪？"伍孚此时也只能用语言来表达自己的一腔激愤，他说："汝非吾君，吾非汝臣，何反之有？汝乱国篡主，罪

---

[1]《后汉书》卷六六《王允传》。

盈恶大。今是吾死日，故来诛奸贼耳，恨不车裂汝于市朝，以谢天下。"[1]然而激愤的言行终究没能挽救东汉政治的颓败，伍孚的热血也未洗净这沉沉的黑夜。这时的董卓手握杀人的屠刀，做着足谷翁的美梦。

杀贼：王允下出的一步险棋

自入关后，董卓不再去理睬关东新士人的举动。而新士人之间的拼杀，使得他们也选择性遗忘了长安朝廷。在相对封闭的环境中，董卓开始了他的统治，简单，粗暴，以建立新秩序之名制造大恐怖，"法令苛酷，爱憎淫刑，更相被诬，冤死者千数。百姓嗷嗷，道路以目"[2]，即是写照。对待朝廷，董卓也一改雒阳模式，将任人唯贤改为任人唯亲，连在怀抱中的董姓婴儿都封了侯。汇报工作，都要去卓府，卓府已然朝廷化。但即便如此，董卓还只是强臣，这也是部分对董卓可以实现中兴抱有幻想的雒阳旧臣对他的定位，关于此点，可以从董卓和自己的笔杆子、大名士蔡邕的两次对话中寻找到一丝踪迹：

第一次是董卓做了太师，又突发奇想，想让汉献帝称自己为"尚父"，就其可行性听取蔡邕意见。蔡邕认为等到把关东的事处理完了，再模仿姜太公也不迟。搁置，董

---

[1]《三国志》卷六《董卓传》注引谢承《后汉书》。
[2]《三国志》卷六《董卓传》。

卓表示接受。

第二次是长安发生地震,董卓问蔡邕地震发生的原因,蔡邕认为地震是因为董卓坐的车太招摇,违制了。整改,董卓立马换车。[1]

蔡邕属于希望能通过自己的努力,重新塑造董卓的少数派。虽然蔡邕自己也承认董卓不是太听话,但天命、灾异的警示,对于董卓其人来说,显然有着一定约束力。而太公故事、舆服制度所体现出的教化,又是关键时刻抑制董卓野蛮生长的力量。

董卓可能不会越雷池,但雒阳旧臣中的激进派也不会收敛诛杀董卓的决心。在屡遭挫折之后,司徒王允便给大家带来了一线曙光,因为他发现了可以置董卓于死地的"工具",那就是吕布。之所以有此发现,还需要从董卓与吕布之间的关系谈起。

董、吕之间的关系确立于中平六年董卓进入雒阳之后。受到董卓疑兵的蒙蔽,以及高官利禄的诱惑,吕布与并州军统帅丁原反目。董卓得以假吕布之手杀掉了丁原,吕布也就成为并州军的新统帅,转归董卓麾下,负责董卓安保,受到董卓信任,誓为父子。

从这一角度出发,来考虑董、吕关系,就会发现,吕布对董卓的依附,是在受到董卓凉州军假象的蒙蔽下,所采取的一种自保之举。一旦假象被揭穿,同样拥有一支强

---

[1] 尚父、地震二事均见《三国志》卷六《董卓传》注引《献帝纪》。

大武装的吕布会作何反应，就不好说了。这同时也决定了董卓对吕布的控制，绝不可掉以轻心。让吕布负责安保，实际上是在未完全消化并州军之前，对吕布实行的一种有效控制措施而已。假父子，没有真亲情。

吕布对董卓产生厌恶之情，由两个意外引起：

一是，一次董卓失手差点用手戟误伤吕布，董卓虽为此向吕布道歉，但董卓不稳定的情绪，引起吕布的高度警惕；

二是，吕布与董卓侍婢有染，恐为董卓觉察。有染侍婢为适应历史通俗化的需要，就演生出美女貂蝉和王允的"连环计"。

但两个意外似都流于表面，尚未触及根本。

吕布要杀掉董卓，根本原因就在于上面讲到的董、吕关系的脆弱性上，进而可延伸为并、凉武人之间的矛盾，在这种矛盾中，并州军处于被动的态势，随时都可能被凉州军蚕食。而失去了并州军，吕布也就失去了立身之本，为谋求自身及并州军的生存空间，吕布会适时反戈相击。

王允介入，想必就是看清了董、吕之间这层微妙的关系，加之一次次暗杀董卓的计划流产，引外兵勤王的计划又遭夭折，出于对武装的渴求，王允将视线转向握有兵马、负责董卓安保的吕布身上。除此研判外，王允敢于下出联络吕布诛除董卓的险棋，还有三方面的考量：

一是王允与吕布有同乡之谊（王允系太原郡祁人，吕布系五原郡九原人，二人同为并州人士）；

二是长安朝廷对一介武夫有着制约力；

六、旧都浮生 / 111

三是凉州军主力布防于陕县。

初平三年夏四月辛巳,长安。

董卓在重兵护卫之下,前往未央殿赴朝会。当行至北掖门内,十余名宫门卫士突然手持长戟刺来,或刺马,或叉车,或直接奔董卓刺来,董卓手臂受伤,坠落车下,大喊:"吕布何在?"吕布回应:"有诏讨贼!"董卓大骂:"庸狗敢如是邪!"吕布持矛刺卓,董卓死。[1]

自中平六年八月辛未以来,历时四年,以开启暴力、颠覆传统、及时享乐为特征的董卓时代就这样落幕了。董卓死讯传开,长安百姓顿时喜笑颜开,载歌载舞走上街头,喝酒吃肉,把这一天当作了节日,想必他们真的相信董卓一死,苦难结束,太平降临。

单相思:满天乌云浑不知

殊不知,快乐的心情很快就会淹没在滚滚西来的乌云中。谁又能想到这片乌云竟是在诛杀董卓中有着首建之功,又在董卓死后成为朝堂领袖,被当时人视为"王佐才"(郭泰对王允的评语)的王允一手招来的呢?

董卓死后,如何安置董卓部伍是必须及早解决的问

---

[1] 关于董卓被刺,见于《三国志》卷六《董卓传》、西晋司马彪《九州春秋》、东晋袁宏《后汉纪》卷二七《孝献皇帝纪》及《后汉书》卷七二《董卓传》,以《后汉书》叙述为佳。

题。恰恰就是在这个问题上，王允犯了大错误。就董卓死后的形势而言，一度是向着有利于长安朝廷的方向发展着。驻扎在长安以东陕县一线的凉州军主力，在得知董卓死讯后，就乱了阵脚。

先是驻陕县凉州军统帅、董卓女婿牛辅变得多疑起来。他听信了巫师的话，杀了大将董越；后来自己的大营发生骚乱，牛辅丢了性命。这时的凉州军群龙无首，在一群中高级军官——李傕、郭汜、张济、段煨等的会商下，达成一致意见：向长安朝廷讨要一张大赦令。即在凉州军投降之后，朝廷要保证凉州军人的安全。对于凉州军的"摇尾乞怜"，王允倒也显得大度，说什么凉州军本来就没有什么罪过，何赦之有？这一大度是聪明的表现，还是愚蠢的做法，自当别论。但凉州军没有吃到定心丸，又听到了不利的风言风语，干脆散伙，各自回家去吧！关键时刻，凉州军中最智慧的人——贾诩站出来说话了：

> 闻长安中议欲尽诛凉州人，而诸君弃众单行，即一亭长能束君矣。不如率众而西，所在收兵，以攻长安，为董公报仇，幸而事济，奉国家以征天下，若不济，走未后也。[1]

散了，就等于死。团结才是硬道理。别只顾着报仇，

---

[1]《三国志》卷一〇《贾诩传》。

还有更远大的目标要去奋斗：天下。凉州武人们认为贾诩说得太有道理了。偏偏在这时又从长安方面传来丁彦思、蔡邕被杀的消息，又给凉州武人以极大的震动。

丁彦思，事迹不详。能与蔡邕同列，想必也是位名士。而蔡邕被杀，其间有着很多值得回味之处。

蔡邕的死因，是蔡邕在得知董卓被诛杀后，情不自禁地叹了口气，被王允听到了，王允随即认定这是同情董卓的表示，王允的逻辑是：董卓是国贼，蔡邕是汉臣，国贼被诛，汉臣不喜反哀，则蔡邕是董卓同党，那就该杀。

而蔡邕得到董卓礼遇，是董卓的笔杆子，都是事实。在蔡邕思想中曾把董卓作为强臣来视之，希望通过他的努力，塑造一个新董卓，也是事实。可是，董卓的种种作为，使得蔡邕发现自己的选择错了。于是，他就有了出逃的打算。对于亡命天涯，蔡邕并不惧怕，他曾经为躲避宦官的迫害，在外浪迹十二年。可是，蔡邕的堂弟蔡谷提醒他说，你的长相比较特别，逃到哪里，都会被人认出来。就因为此，蔡邕才打消了出逃的念头。

既然蔡邕放弃了董卓，那么王允为什么又要在董卓死后给他贴上一张董卓同党的标签呢？给《三国志》作注的裴松之对此就大不理解，认为是史书记载有误。但是，他却忽略了王允在诛杀董卓成功之后的转变：

> 允性刚棱疾恶，初惧董卓豺狼，故折节图之。卓既歼灭，自谓无复患难，及在际会，每乏温润之色，

杖正持重，不循权宜之计，是以群下不甚附之。[1]

董卓是王允的敌人，为消灭敌人，王允可以从大局出发，做一个大度的人。而董卓死了，敌人没了，王允成了拯救国家于危亡的功臣，成了朝臣的领袖，这时的他就是正义的化身。过去要隐忍的事情，现在不用了，架子要端足，杀一两个名士，对于树立个人威信，整饬朝纲，想必会有事半功倍的效果吧！更何况王允对于蔡邕有成见，因为蔡邕曾经在大庭广众之下没给他面子，这件往事被记录在南朝梁人殷芸写的《小说》中，文曰：

> 初，司徒王允数与邕会议，允词常屈，由是衔邕。及允诛董卓，并收邕，众人争之，不能得。

王允杀蔡邕，是要了断个人的恩怨。这听起来未免过于残酷了。而从后世顾炎武因蔡邕而发的一番评论，大致可以了解这残酷背后却有着更深的内容，顾炎武说：

> 东京之末，节义衰而文章盛，自蔡邕始。其仕董卓，无守卓死，惊叹无识。观其集中，滥作碑颂，则平日之为人可知矣。以其文采富而交游多，故后人为立佳传。嗟乎！士君子处衰季之朝，常以负一世之名，

---

[1]《后汉书》卷六六《王允传》。

而转移天下风气者，视伯喈之为人，其戒之哉！[1]

顾炎武把蔡邕视为一个时代的标志性人物，从蔡邕身上可折射出时代风气的转变。尚节义是党人时代最可宝贵的财富，所谓"文章盛"则是末世浮华的表现。王允是党人时代的名士，而蔡邕在政治旋涡中苦苦挣扎了大半生，未尝不是真党人。而此党人对彼党人的问罪，绝不是对过去时代精神回归的企盼，而是祭奠。

名士尚不免于一死，董卓的死党，凉州武人们的命运自可想见了：

> 丁彦思、蔡伯喈但以董公亲厚，并尚从坐。今既不赦我曹，而欲解兵，今日解兵，明日当复为鱼肉矣。[2]

凉州军就此坚定了背水一战的决心。

但要是想让凉州军回心转意，还有他途可寻。那时，就有人向王允献计说，让皇甫嵩出任凉州军统帅。皇甫嵩系出凉州名门，德高望重，其忠心为国早已是家喻户晓的事情。可是，王允认为这样做虽然能起到安抚凉州军心的作用，但却会使关东士大夫们起疑心，毕竟凉州军还是由凉州人来统帅，还横亘在长安与关东交通的要道上。而

---

[1]《日知录》卷一三《两汉风俗》。
[2]《后汉书》卷六六《王允传》。

关东士大夫才是王允的亲人,他不能做出对不起亲人的事情。相比之下,皇甫嵩出山是弊大于利啊!王允的这一想法,终于道出他在对待凉州军问题上的真实态度,那就是:董卓已除,凉州军的存在无足轻重。把朝纲整顿好,把关东士大夫们聚拢回来,那才是国家大计。随即他就派出了使者前往关东,去联络他心目中的亲人们。

但这纯属王允的单相思。他根本就不知道,初平三年的关东发生了些什么事情。

原关东联盟的盟主袁绍堂而皇之地窃夺了冀州牧韩馥的地盘,又开始了新的扩张,与公孙瓒绞杀在一起;兖州刺史刘岱看东郡太守桥瑁不顺眼,结果了他的性命,而自己也在黄巾的洪流中一命呜呼了;后世的大英雄曹操这时也是夹着尾巴,惶惶不可终日,今天到这里打一架,明天到那里找些粮草,英雄也有气短时;袁术在扬州心机算尽,总想提前做皇帝,一觉醒来,才发现是一场梦,潦倒了不算,还搭上了条命;原本在关东联盟中表现最为抢眼的孙坚,居然在荆州地界同刘表火并起来……

虽然在中牟那块弹丸之地上,还隐隐约约可以看到几位书生挥舞着一面勤王的小旗,在虚弱地呼喊着,但这已于事无补。[1]王允的使者自东去之后,音讯皆无。

王允的亲人们——关东士大夫每日里为"势利"(曹操诗中语)而争,为"私"(中牟书生的陈辞)而变,还

---

[1] 详见《后汉书》卷七一《朱儁传》。

怎能想得起在长安有个朝廷，朝廷上还有王允们呢？这是因诛杀董卓成功，而满心欢喜的王允难以明晰的事情。他始终不会明白他的亲人们为什么不再为"公"而舍身赴义。乃至后世人把王允看作个粗鲁、迂腐的人[1]，还有位大哲人对王允当时的心态表示不理解，并且说了些奉劝的话语，大意是说天下已经处于必亡之势，用什么药都治不了这个病。简而言之，就是叫王允想不明白也要明白过来。[2]可是，还没等到王允明白过来，在董卓死后短短一个多月的时间里，凉州军十万之众昼夜兼程，已经将长安城围得铁桶一般。

当时就长安军力来看，实难与凉州军作殊死一搏。

长安城中具备战斗力的是吕布的并州军。在董卓死后，由张辽统率的一支千人规模的并州军，也归属吕布指挥。还有张杨所部并州军此时已经进驻河内。吕布与张杨私交甚密，一旦并凉两军开战，张杨部会给予必要的援助。而此前，吕布曾派出李肃一部对凉州军做过一次试探性的攻击，结果以并州军失败而告终。这说明并州军在军事上并不占优势。还需看到，在王允心目中，吕布只是一个"剑客"，要用他安社稷，王允还不得要领。

除吕布并州军外，另有五支武装可用。两支来自长安的外围，即左冯翊（治在高陵，今陕西高陵）和右扶风的

---

[1]（宋）叶适《习学记言序目》卷二八。
[2]（宋）黎靖德编《朱子语类》卷一三五。

郡国兵，两地长官宋翼和王宏都与王允友好。还有两支是长安城中的凉州军胡轸部和徐荣部，另外一支是叟兵。王允对于城中的凉州军自然是不信任。在凉州军主力杀向长安的时候，王允便将他们打发出去，任其自相残杀去了。叟兵，来自蜀地，是益州牧刘焉派来的勤王之师，他们对于汉廷是否忠诚不得而知，但对于董卓似乎是更有好感。后来，在凉州军猛攻长安时，他们打开城门，倒戈了。

凉州军主力西进过程中，陆续收拢散兵游勇，在抵达长安城外时，众至十余万。自五月己酉开始攻城，经过十日激战[1]，六月戊午，长安城被凉州军攻陷。吕布杀开一条血路，要保王允逃离长安，王允说：

192年6月19日
192年6月28日

> 安国家，吾之上愿也，若不获，则奉身以死。朝廷幼主恃我而已，临难苟免，吾不为也。努力谢关东诸公，以国家为念。[2]

王允至死还在惦念自己的关东亲人。国家社稷，令人无法割舍，但它就这样在兵戈铁蹄之下，灰飞烟灭了。回眸望去，偌大长安再次成了凉州武人的天下。函谷关外，关东诸公视社稷倾圮而漠然无语。在那无形私利的笼罩下，残酷和冷峻的现实，令人为之哀叹！

---

[1] 见《三国志》卷六《董卓传》。又，《后汉书》卷七二《董卓传》称守城八日，城溃。《通鉴考异》从之。未详其故。
[2] 《三国志》卷六《董卓传》注引张璠《汉纪》。

六、旧都浮尘 / 119

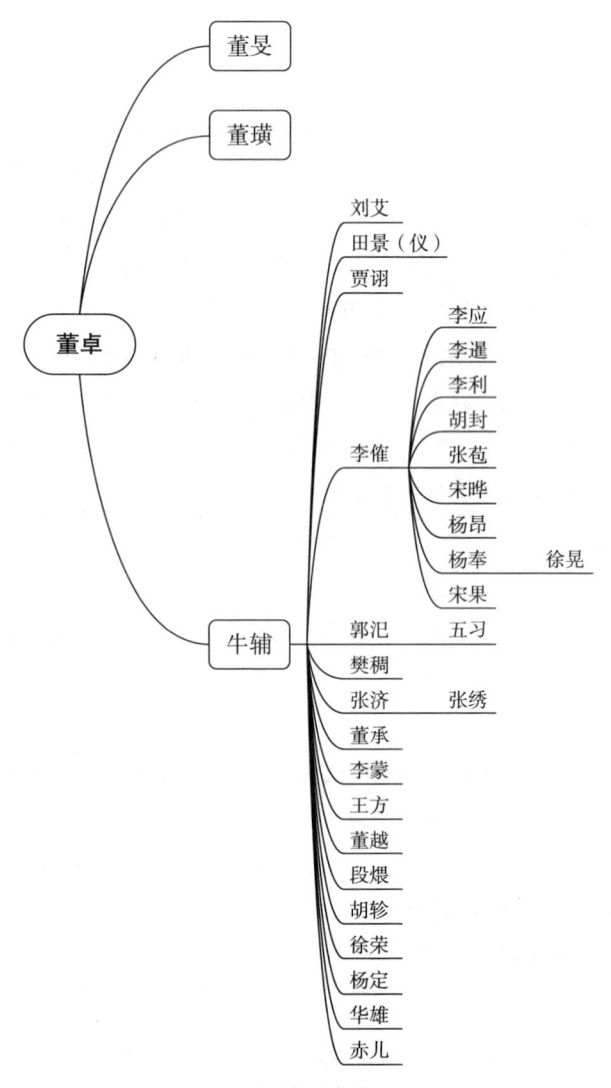

```
                        ┌─ 董旻
                        ├─ 董璜
                        │  ┌─ 刘艾
                        │  ├─ 田景（仪）
                        │  ├─ 贾诩
                        │  │        ┌─ 李应
                        │  │        ├─ 李暹
                        │  │        ├─ 李利
                        │  │        ├─ 胡封
                        │  ├─ 李傕 ─┼─ 张苞
                        │  │        ├─ 宋晔
董卓 ───────────────────┤  │        ├─ 杨昂
                        │  │        ├─ 杨奉 ── 徐晃
                        │  │        └─ 宋果
                        │  │  ┌─ 郭汜 ── 五习
                        │  │  ├─ 樊稠
                        │  │  ├─ 张济 ── 张绣
                        │  │  ├─ 董承
                        │  │  ├─ 李蒙
                        │  │  ├─ 王方
                        └─ 牛辅 ─┼─ 董越
                           │  ├─ 段煨
                           │  ├─ 胡轸
                           │  ├─ 徐荣
                           │  ├─ 杨定
                           │  ├─ 华雄
                           │  └─ 赤儿
```

凉州军示意图

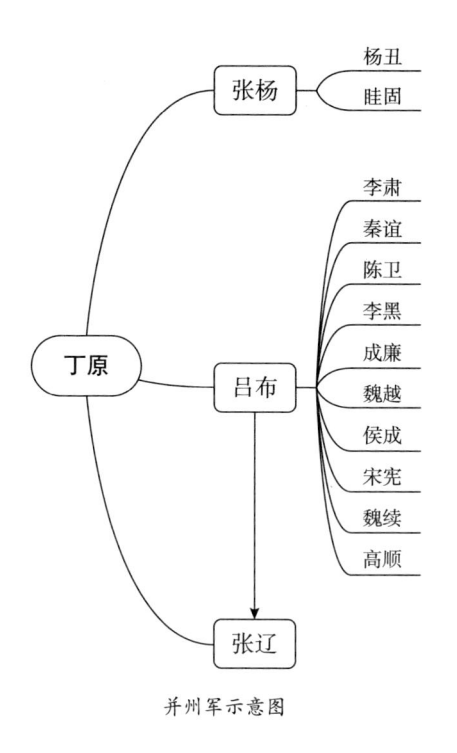

```
                        ┌── 杨丑
            ┌── 张杨 ──┤
            │           └── 眭固
            │
            │           ┌── 李肃
            │           ├── 秦谊
            │           ├── 陈卫
            │           ├── 李黑
丁原 ───────┼── 吕布 ──┼── 成廉
            │           ├── 魏越
            │           ├── 侯成
            │           ├── 宋宪
            │           ├── 魏续
            │           └── 高顺
            │
            └─────────→ 张辽
```

并州军示意图

六、旧都浮尘 / 121

七 奉天子

和解：献帝地位的再认识

凉州武人攻陷长安，长安惨遭屠城。[1]为了保命而团结在一起的凉州武人，居然成了胜利者，没了生之虑，贾诩几十天前说的"国家""天下"就忘到了九霄云外。入城后的凉州武人主要有四大派系，分属李傕、郭汜、樊稠和张济。三个月后张济退守弘农，以维持旧有防线。长安朝政遂形成李傕、郭汜、樊稠三家专政的局面，为期四年，可视作后董卓时代。

在后董卓时代，如何理政，如何匡正时弊，都是凉州武人的认知盲区。为"救命"才站出来谋篇布局的贾诩，这时也无意有所作为。比起凉州武人奉为神明的故主董卓——李傕还专门在后宫门前设了个董卓牌位，隔三岔五供奉些牛羊，拜一拜，是为了请董卓保佑他打理朝政不出差错，还是些别的什么，就不得而知了，这群凉州军军官们更多的是带有"蛮夷化"的气息，像李傕，"边鄙之人，习于夷风"，"性喜鬼怪左道之术"[2]，董卓在的时候，还有

---

[1]《三国志》卷六《董卓传》："傕等放兵略长安老少，杀之悉尽，死者狼藉。"张璠《汉纪》："傕、汜入长安城……吏民死者不可胜数。"《后汉书》卷七二《董卓传》："城溃，放兵虏掠，死者万余人。"

[2]《后汉书》卷七二《董卓传》注引《献帝起居注》。

七、奉天子

个遮拦，不至于和教化发生直接的冲突，而今没了董卓，也就横竖由己，喝酒、争斗是解决问题的手段，后来人们回想当年，对后董卓时代的评价就是："西方诸将，皆竖夫屈起，无雄天下意，苟安乐目前而已。"[1]

即便如此，还是有一抹新意。在凉州武人入城不久，初平三年八月辛未，经李傕授意，有支队伍在苦难中出发远行。这就是由太傅马日磾为正使、太仆赵岐为副使的使团，他们要出使东方，"持节镇关东"[2]。其中最主要的任务是完成李傕安排的与袁术结盟[3]。"镇关东"，还好理解，显然是站在武人的立场上，有炫耀武力的意味。立场不一样，对使团的定位就有着差别：从长安残存士大夫的角度出发，"和解关东"[4]或"安集关东"[5]，才是此行之目的；从天子立场上说，太傅、太仆组团，规格足够高，要达到的目的就应该更加远大——"慰抚天下"[6]。由此，可见使团得以成行，还是体现了多方意愿。

可是，要与袁术结盟，除非李傕有了谋略，要利用袁术做些有关"天下"的事情，诸如利用豪杰只知绍不知

192年9月9日

---

[1]《三国志》卷二一《卫觊传》注引《魏书》。
[2]《后汉纪》卷二七《孝献皇帝纪》。
[3]《三国志》卷六《袁术传》："李傕入长安，欲结术为援，以术为左将军，封阳翟侯，假节，遣太傅马日磾因循行拜授。"
[4]《三国志》卷六《袁绍传》注引《英雄记》。
[5]《三国志》卷一三《华歆传》。
[6]《后汉书》卷九《孝献帝纪》。

术，激起袁术那份天生的优越感，挑起争端，从而兄弟阋墙，武人坐收其利。但对于在董卓死后，只打算跑路的李傕来说，这显然是他无法企及的思维高度。而且袁氏与凉州武人有屠宗灭族之血海深仇，结盟，那是痴人说梦。

如此看来，联络袁术当另有隐情。其间，关乎献帝皇统地位的再认识，将成为一个新时代到来的思想起点。这还要回到使团到达雒阳后的经历，做一次破茧抽丝。

使团在到达雒阳后，分为两支：一支在太傅马日磾带领下，前往徐州和扬州境内，即山东诸州郡的南部；一支在太仆赵岐带领下，前往冀、兖两州，即山东诸州郡的北部。最初的新意就来自北上的赵岐使团。

来到河北的赵岐，受到了空前的礼遇，袁绍、曹操"将兵数百里奉迎"[1]。赵岐在与袁绍、曹操会晤时，达成如下的约定："期会洛阳，奉迎车驾。"[2]这意味着：东西会实现和解，天子要重返雒阳。这时的天子是也只能是献帝。

而对于献帝的皇统地位，关东联盟自结盟起就有否献和尊献两派之分。

以袁绍为代表的一大批新士人因董卓的废少立献，对献帝的皇统地位持质疑的态度。在废少帝被鸩杀后，他们又敢于否定献帝的皇统地位，如酸枣盟辞中提到的"汉室不幸，皇纲失统，贼臣董卓乘衅纵害，祸加至尊，虐流百

---

[1]《后汉书》卷六四《赵岐传》。
[2]《后汉书》卷六四《赵岐传》。

姓，大惧沦丧社稷，翦覆四海"[1]，韩馥则传言："帝非孝灵子"，袁绍也鼓吹："今西名有幼君，无血脉之属，公卿以下皆媚事卓，安可复信！"[2]继而他们又拥立刘虞，欲取献代之。他们就是新士人中的否献派，属于新士人中的多数派力量。

相较否献派，尊献派是少数派。代表人物是曹操、袁术。尊献派秉承了一个"义"[3]字，这可以看作是其人性的自然流露，是教化的结果，是服膺纲常的表现，如曹操在酸枣大营中所陈辞："董卓之罪，暴于四海，吾等合大众，兴义兵而远近莫不响应，此以义动故也。今幼主

---

[1]《三国志》卷七《臧洪传》。
[2]《三国志》卷六《袁术传》注引《吴书》。
[3] 所谓"义"，一般认为泛指道德原则或规范，而在汉儒那里，"义"具有道德自律的蕴意，并且其提出了"义主我"的命题，引申开去，就是"义之法在正我，不在正人，我不自正，虽能正人，弗予为义。……义者，谓宜在我者。宜在我者，而后可以称义"（董仲舒《春秋繁露·仁义法》），进而"义"又可发展成为人的本性，"五性者何？仁、义、礼、智、信也"（《白虎通义》）。从"义者，宜也，断决得中也"（《白虎通义》）的解释看，"义"成为人的本性，正是因为它作为道德原则能够为人们指示出什么应该做，什么不应该做，而经学家所设定的道德原则即是服务于君父统治的三纲五常，它对于维系国家政治稳定所起到的作用，不容忽视。范晔曾有过这样的评论："自光武中年以后，干戈稍戢，专事经学，自是其风世笃焉。……然所谈者仁义，所传者圣法也。故人识君臣父子之纲，家知违邪归正之路。……迹衰敝之所由致，而能多历年所者，斯岂非学之效乎？"（《后汉书》卷七九下《儒林列传》）

微弱，制于奸臣，未有昌邑亡国之衅。"[1]当然也不排除有其伪饰的一面，像袁术，"惮立长君"[2]，"观汉室衰陵，阴怀异志，故外托公义以拒绍"[3]。但在当时条件下，标榜"义"，却很容易为"义"所累，这是因为：尊献派承认了献帝的皇统地位，就明确了与献帝之间的君臣关系。而献帝受制于董卓，董卓要假借皇权，讨伐不臣，是件轻而易举的事情，到那时尊献派又要体现臣节的话，就只有引颈就戮的份儿，讨伐董卓就变成了一句空言，像胡母班在狱中书所言："卓今处宫阙之内，以天子为藩屏，幼主在宫，如何可讨？"[4]皇甫嵩、朱儁等就因一纸诏书，而舍弃武装，在他们心里，正是"义"在呼唤着他们投向董卓等人已为其准备好的囚笼，如朱儁所言："以君召臣，义不俟驾，况天子诏乎？"[5]

较之以尊献派为"义"所累，否献派要轻松许多。否献派通过否定献帝皇统，成功地规避了董卓假借皇权，给他们带来的政治风险。此意，正是胡母班们难以解开的思想疙瘩。当然，否献派在否定献帝皇统地位的同时，也抛弃了曾为同志的雒阳旧臣。雒阳旧臣又何尝不知道自己的处境，而王允念念不忘的关东亲人，也只剩下新士人中的

---

[1]《三国志》卷一《武帝纪》注引《魏书》。
[2]《后汉书》卷七五《袁术传》。
[3]《三国志》卷六《袁术传》注引《吴书》。
[4]《三国志》卷六《袁绍传》注引谢承《后汉书》。
[5]《后汉书》卷七一《朱儁传》。

少数派。在那时，能够被雒阳旧臣记起来，并且具有影响力的只有袁术一人。吕布杀出长安后，作为王允政治遗嘱的执行人，他要去投奔袁术，就是例证。而当时雒阳旧臣中还有一位重量级的士人领袖，便是杨彪，他出身于弘农杨氏，是与汝南袁氏并称东京名族的政治世家，且与袁术系姨表亲。在长安遭武人血洗后，杨彪得以幸存，与袁术结盟，很可能就是由他提出，并转化为李傕意愿，促成马日磾使团成行，这同样是在践履王允遗志。尊献派的另一代表人物曹操，因其出身，很容易被士人边缘化，不被雒阳旧臣惦念也是情理之中的事。这在后面还会谈及。

马日磾却未曾想到，袁术全然不是想象的那样，使节被他夺去不算，还成了他给手下封官的工具，致使马日磾"屈辱忧恚而死"[1]。反倒是，否献派的袁绍表达了对献帝的认同。

而袁绍其实早在拥立刘虞称帝失败，取代韩馥入主冀州后，就对献帝进行了重新的定位。他向谋士沮授提出了怎样"安社稷"的问题，作为探索汉末政治出路的思考。沮授就此提出了自己的建议：通过军事扩张，壮大自身实力，以此为保障，"迎大驾于西京，复宗庙于洛邑，号令天下，以讨未复"。袁绍听完之后，非常高兴，认为沮授的建议与他的想法是一致的，便说了句"此吾心也"。[2]

---

[1]《三国志》卷六《袁术传》注引《献帝春秋》。
[2] 关于袁绍与沮授的谈话，详见《三国志》卷六《袁绍传》。

这里值得关注的是，沮授建议中的"迎大驾"，表明了他对献帝皇统的态度，而袁绍对沮授的建议表示赞同，说明这位否献派的代表人物对献帝皇统的认识发生了转向。

继袁绍对献帝皇统的认识转向之后，尊献派的代表人物曹操也没有停留在"幼主微弱，制于奸臣"这一情结中，在初平三年四月曹操据有兖州之后，其属下毛玠在分析了当前的政治形势和竞争对手情况的基础上，为曹操描绘了一幅未来的政治蓝图：

> 今天下分崩，国主迁移，生民废业，饥馑流亡，公家无经岁之储，百姓无安固之志，难以持久。今袁绍、刘表，虽士民众强，皆无经远之虑，未有树基建本者也。夫兵义者胜，守位以财，宜奉天子以令不臣，修耕植，畜军资，如此则霸王之业可成也。[1]

毛玠的立意很明显，曹操要想强大起来，要出师有名，要标榜那个"义"字，那就要"奉天子"，做好准备，成就大业。曹操欣然接受。

至此，袁绍要"迎大驾于西京"，曹操要"奉天子"。在重归对既成皇统认同的前提下，如何付诸实施，袁、曹二人可就要仔细盘算一下了。去西京的道路可不平坦，入关的大门怎样打开？难道还要回到讨伐董卓的旧路上？在

---

[1]《三国志》卷一二《毛玠传》。

地方牧守彼此兼并，弱肉强食之际，谁又会为此而率军西进，与强悍的凉州武人进行一次决战呢？而无须大动干戈，就可西进长安的时机却很快就来到了。

这次的时机就是：不可一世的董卓竟糊糊涂涂地死在他所亲信的吕布的长矛之下，董卓的长安也就一度成了士大夫的长安。这时雒阳旧臣们首先想到的就是远在关外的"山东诸公"，在司徒王允的安排下，使者张种踏上了东去的路途，为关东牧守送去了这一胜利的喜讯。张种此行的目的，想必是要联络关东牧守，入关勤王，这在有人向王允建议派皇甫嵩前往陕县去收编董卓旧部时，王允以为"今若距险屯陕，虽安凉州，而疑关东之心"[1]，便可见一斑。董卓被杀，朝臣对关东牧守的接纳，驻屯陕县的凉州军群龙无首，乱作一团，入关的大门实际上已经为"山东诸公"打开了。但是，张种下落不明。打开的大门又很快被凉州武人关闭。时机稍纵即逝。

然而，赵岐的河北之行，重新燃起了袁绍、曹操的"希望"，那"期会洛阳，奉迎车驾"的约定，莫不就是一种彼此的契合！可是，赵岐却没有及时回到长安。他生病了，在陈留一住就是两年。袁绍又要忙于安定冀州，无暇西顾。刚刚出领兖州的曹操却要"独自"去履约了[2]。

---

[1]《后汉书》卷六六《王允传》。
[2]《三国志》卷一三《钟繇传》："太祖领兖州牧，始遣使上书。"

履约：曹操通使长安

曹操派出了自己的心腹王必出使长安。曹操还特地为王必能够觐见天子设计了一条路线，那就是假道河内去长安。之所以要这样设计，是因为当时的河内太守张杨是当年西园军军官，曹操是西园军八大校尉之一的典军校尉，张杨是曹操的部属，算是曹操的旧识。后来，张杨受大将军何进指派去并州募兵，参加了关东联盟。张、曹之间有如此关系，加之张杨掌河内，是董卓的作为，张杨对凉州军还算友好，张杨协助王必到达长安，应该不会有什么差池。

但是，张杨却没有买曹操的账，拒绝让王必通过自己的辖区。王必是否焦急，权且不论。张杨身边的幕僚董昭却有些坐不住了。董昭是兖州人氏，原来是袁绍身边的"红人"，袁绍与张邈之间发生矛盾后，因为董昭的弟弟董访是张邈的手下，袁绍对董昭就不信任了，还要加害于他。董昭便离开袁绍，想去长安，中途被张杨挽留。而曹操和张邈又是过命的朋友，袁绍当初让曹操去杀张邈的时候，曹操大为反感，对袁绍说："孟卓（张邈字孟卓），亲友也，是非当容之。今天下未定，不宜自相危也。"并且曹操还曾郑重地给家里人说："我若不还，往依孟卓。"[1]当然，后来兖州事变爆发，张邈成了曹操的敌人，是曹操

---

[1]《三国志》卷七《吕布传》附《张邈传》。

始料未及的，这是后话。仅就曹操和张邈有过如此密切的关系而言，董昭应该对曹操也不陌生，或者说属于对曹操很是倾慕的那类人。这类人生逢乱世，能审时度势，会异常冷静地做出自己的判断。而要把自己的前途命运托付给当时兵微将寡的曹操，的确需要些勇气，这也就是"变通之世，君臣相择"[1]的含义。董昭显然对曹操能做出通使长安的举动，很是佩服，他劝说张杨："袁、曹虽为一家，势不久群。曹今虽弱，然实天下之英雄也。当故结之。况今有缘，宜通其上事，并表荐之。若事有成，永为深分。"[2]张杨认为董昭的话很有道理，完全照办。董昭在下面做得更加周全，以曹操的名义给长安城中的李傕、郭汜等人写了信，并且给他们都备下了一份礼物。王必重新踏上西行之路，来到了长安。

虽然有了张杨的引荐，有了董昭的打点，但是凉州武人还是狐疑满腹，认为曹操此番通使，必定有诈。于是，决定先扣留王必再说。为了打消武人的疑虑，黄门侍郎钟繇做了说客。他在武人面前讲：天下大乱，有多少人会想到天子。曹操能派使者来，就足以表明他的忠心，但却得不到应有的信任，这样对待曹操很不明智。

钟繇，颍川长社（今河南长葛）人，颍川有饮誉士林的四大家族，钟氏即位列其间，其余三氏为荀、陈、韩。

---

[1]《后汉书》卷一六《邓禹传》范晔论。
[2]《三国志》卷一四《董昭传》。

像钟繇这样的清贤名士站出来替曹操说话，应是代表了幸免于难的名公大臣的意见。在马日磾、赵岐出使不返的情况下，长安与关东恢复联系，才是当务之急[1]。

最终，李傕、郭汜等人的疑虑被打消，承认了曹操通使是效忠朝廷的行为。长安知道了曹操作为一方势力的存在，但进一步的成果则未体现，曹操仍旧是暂行兖州刺史职权的临时长官[2]。王必通使虽然打通了兖州与长安之间的孔道，但如何完成"奉天子"，还有待于进一步的行动。

东归：机不可失，时不再来

曹操自初平三年四月入主兖州后，境况比起他起兵之初是大为改观。济北（今山东长清）一战，受降黄巾三十余万，曹操择其精锐，组建了"青州军"。但是实力的增强，并不意味着曹操可以坐稳兖州。公孙瓒挥兵南下，还任命了单经去做兖州牧；陶谦、袁术先后进入兖州境，这都要让曹操花些气力去应对。更令曹操心惊的是，兖州内

---

[1] 关于这次王必通使的目的，有学者推测：一是曹操企图与李傕等人和解，使他的兖州刺史一职得到正式确认，以便进一步跻身东汉政府；二是联络包括钟繇、曹操老友丁冲在内的东汉政府大臣，借以探听长安虚实，以及商讨对待李傕等人的办法。参见方诗铭《曹操与"白波贼"对东汉政权的争夺——兼论"白波"及其性质》，《历史研究》1990年第4期。

[2] 刘岱死后，长安方面任命了金尚出任兖州刺史，后被曹操驱逐。亦可见朝廷对曹操还没有给予足够的信任。

部也出现了危机，最终演成举州改旗易帜，曹操的势力被压缩在鄄城（今山东鄄城）、范（今山东梁山）和东阿（今山东阳谷）三座县城中。而此番肇事者竟然是自己最为信赖的密友张邈，以及对曹操倍加推崇的陈宫。之前正是在陈宫的劝说下，兖州大吏们才接纳了曹操。

那么，张邈和陈宫为何要背叛曹操呢？

一般认为，是张邈害怕曹操迫于袁绍的压力而对其下黑手。前面讲过曹操对张邈的信任，就这份信任而言，张邈的担忧有些牵强。而陈宫作为兖州事变的谋主，他怂恿张邈走向前台的理由是：

> 今雄杰并起，天下分崩，君以千里之众，当四战之地，抚剑顾眄，亦足以为人豪，而反制于人，不以鄙乎！今州军东征，其处空虚，吕布壮士，善战无前，若权迎之，共牧兖州，观天下形势，俟时事之变通，此亦纵横之一时也。[1]

拿陈宫这番主张与当初他力主曹操出领兖州时的慷慨陈词——"曹东郡，命世之才也，若迎以牧州，必宁生民"[2]做一比较，陈宫宁愿去追随一个壮士，也要舍弃他心目中的"命世之才"。这不过就是两年的时间，能让这

---

[1]《三国志》卷七《吕布传》附《张邈传》。
[2]《三国志》卷一《武帝纪》注引《世语》。

位刚直之士发生如此巨大的转变，问题很严重。

那就看一下关于此次兖州事变的第二个答案，它出现在日后袁、曹反目，袁绍"文胆"陈琳所作的《讨曹檄文》中。檄文中这样说：

> 故九江太守边让，英才俊逸，天下知名，以直言正色，论不阿谄，身首被枭悬之戮，妻孥受灰灭之咎。自是士林愤痛，民怨弥重，一夫奋臂，举州同声，故躬破于徐方，地夺于吕布，彷徨东裔，蹈据无所。[1]

边让，何许人也？他的死会震动兖州，令张邈、陈宫视曹操为仇雠，将曹操逼入险境。

边让，陈留人，名士，蔡邕认为他是个天才，"聪明贤智"[2]。曹操对他也应该有所了解。当初大将军何进招揽天下名士的时候，边让就是其中之一，做了大将军令史，后来出任九江太守。从九江卸任回到家乡的时候，孔融还特地给曹操写了封信，让曹操重用这位有才的人。但是在有人伦见识的郭泰眼里，边让固然有才，却"不入道"，也就是不识时务。曹操对此有着切身的感受，"恃才气，不屈曹操，多轻侮之言"[3]，边让看不起曹操，曹操就杀了

---

[1]《三国志》卷六《袁绍传》注引《魏氏春秋》。
[2]《后汉书》卷八〇下《文苑列传》之《边让传》。
[3]《后汉书》卷八〇下《文苑列传》之《边让传》。

七、奉天子／137

他和他的全家[1]。

总之，边让的死，挫伤了兖州士大夫的自尊心，损害了兖州士大夫的群体利益，令张邈和陈宫愤慨，故而造了曹操的反。

195年　　曹操直到兴平二年年底才最终收复失地。但继之粮食的匮乏、部队的减员，以及兖州士大夫的离心离德，都促使曹操要对兖州的战略价值做出重新的评估。正当曹操焦头烂额之际，长安方面开启了机遇的大门。

也许是凉州武人"安乐"久了，没啥正事可干，就彼此猜疑起来。李傕觉着樊稠有通敌嫌疑，就杀了樊稠；后来又疑神疑鬼，怀疑郭汜要下毒害他，便和郭汜开战……直至发展成大规模武装厮杀。而天子却在这般混乱当中，踏上了东归之路。这里出现了钟繇的身影，"天子得出长安，（钟）繇有力焉"[2]。

当献帝渡过黄河，在河东境内获得片刻喘息的消息传到关东，已是年关岁首了。献帝在河东郡治所安邑（今山西夏县），郊祀上帝，改元建安。有迹象表明，袁绍方面密切关注着此次献帝东归，袁绍的使者郭图及时出现在河东。而天子在离开长安不久，就恢复了与曹操的联系，正式任命曹操出任兖州牧。曹操在收复兖州之后，便立即向

---

[1] 可参见田余庆《曹袁之争与世家大族》，收录于《秦汉魏晋史探微》。
[2] 《三国志》卷一三《钟繇传》。

河东派出了使者。与天子距离的缩短,使得袁、曹二人不约而同地认为控制天子的时机已经成熟了。

袁绍特地召开了一次以"迎天子"为主题的会议,会议上形成了两种意见:

一种意见来自沮授。他继续坚持自己原来的主张,并且作了进一步的阐发,把"迎大驾于西京,复宗庙于洛邑"发展成把天子"迎"到邺城,在这里建都,进而"挟天子而令诸侯,畜士马以讨不庭"。

另一种意见是由郭图和淳于琼提出来的,他们认为,汉家王朝被取而代之是迟早的事情。如果把天子迎过来,得不偿失。听他的话,自己就说了不算;不听他的,就会落个骂名。

沮授不同意郭图、淳于琼的主张,他对袁绍说:"今迎朝廷,至义也,又于时宜大计也,若不早图,必有先人者也。夫权不失机,功在速捷,将军其图之!"[1]

而袁绍迟疑了,这是他性格的弱点,熟悉他的人,对他的评价是:"迟重少决,失在后机。"[2]陷入到对控制天子后会带来的种种不便的忧思中,袁绍主动放弃了这次时机。沮授假想中的"捷足先登者"随之出现,那就是新任兖州牧曹操,而曹操又面临着实际的困难。

曹操在收复兖州后,并没有对兖州进行应有的战后重

---

[1] 以上沮授的话,见《三国志》卷六《袁绍传》注引《献帝传》。
[2]《三国志》卷一〇《荀彧传》。

建，而是把兖州搁置起来，转而进入豫州。从现有材料看，曹操由陈留进入豫州是以陈国为突破口，意图明显：

第一，豫州的陈国（治在陈县，今河南淮阳），据《后汉书》卷五〇《陈王宠传》："中平中，黄巾贼起，郡县皆弃城走，宠有强弩数千张，出军都亭。国人素闻王善射，不敢反叛，故陈独得完，百姓归之者众十余万人。及献帝初……时天下饥荒，邻郡人多归就之。"此次曹操进军陈国，想必看中了陈国的未遭兵燹，可能为其提供最急需的给养，以期稳定军心，建立一块替代兖州的后方基地。

第二，从当时曹操集团的人员组成看，曹氏和夏侯氏是其军事将领的中坚，他们来自豫州的谯沛，属曹操的亲族；曹操身边重要的谋士，被曹操称为"吾之子房"的荀彧，来自豫州的颍川。颍川荀氏是士林名族，对于豫州士人具有极强的感召力。对于在兖州触怒了士大夫的曹操来说，能通过荀彧而再获士大夫的信赖，尤为重要。

而陈国与兖州陈留郡、豫州的沛国和颍川郡接壤，这就大致可以明了曹操选择陈国作为进入豫州第一站的用心了。

而放弃兖州，进入豫州，是曹操做出的战略性的转移。那么，在豫州站稳脚跟，加以经营，才是上计。况且豫州境内还有袁术的势力和黄巾余部，万不可掉以轻心。这时去"迎天子"，"诸将或疑"[1]。

而与诸将态度相反，荀彧从历史的角度切入，讲"晋

---

[1]《三国志》卷一《武帝纪》。

文纳周襄王而诸侯景从，高祖东伐为义帝缟素而天下归心"[1]。众所周知，晋文公能够成就一番霸业，得益于他效仿了齐桓公，尊崇周王；高祖刘邦要逐鹿中原，得天下，还要为义帝服丧，赚得个民心所向。历史的经验摆在那里，要想成大事，就要"奉天子"。这是无法绕过去的一环。而实现了"奉天子"，就可以获得三项收益：一是得民心；二是服俊杰；三是致英俊。得民心是曹操再度立足的根本，服俊杰是曹操在政治地位上可以凌驾于其他地方割据派的表现，致英俊可以弥补曹操目前人才短缺的不足。而这一切是符合曹操"匡天下之素志"[2]的。因此，诸将的疑虑实属短见。而此次时机的出现，则不容错过。错过了，想追也追不回来。

荀彧就这样极大丰富了最初由毛玠倡议的"奉天子以令不臣"的观点，而曹操则是一个能断大事的人，这是他与袁绍的不同。荀彧所描述的"奉天子"后的美丽前景，足以使曹操不再停留在通使的循环往复中，而是要迈出那关键的一步，发兵西进，掌控天子。

此时天子尚在东归途中。护卫天子的已不再是当年王必通使时所见到的李傕、郭汜，而是有着"白波"背景的杨奉、韩暹部以及凉州军董承部。杨奉，原系白波军，后为李傕部下，经朝臣策反，成为对抗李傕的力量之一，为

---

[1]《三国志》卷一〇《荀彧传》。
[2]《三国志》卷一〇《荀彧传》。

了壮大实力，杨奉又引来了韩暹的白波军。董承，按照裴松之的说法，他是灵帝母董后的侄子。如果确实的话，董承部的凉州血统是要打折扣的。并且，董承女为献帝贵人，董承又有外戚的身份。就杨奉为朝臣策反，与李傕反目和董承与天子的关系而言，他们应有效忠天子的一面。但对于曹操的西进，他们并没有表现出太大的热情，以致同曹操的先头部队进入了对峙状态。

曹操并不希望与杨奉等发生正面冲突。杨奉是一个特立独行的人物，他的部队很有战斗力；韩暹和董承之间有摩擦，直至发展到武装冲突，冲突的结果：韩暹打败了董承。他们的不和，也就为曹操通过"和平"的方式来完成"奉天子"的大业提供了可能。曹操把此次行动交给了已随张杨援建雒阳来到天子身边的董昭。

196年8月12日　献帝终于在建安元年七月一日回到了荆棘丛生的雒阳，走的时候十岁，回来已经十六。当献帝还在断垣残壁间找寻自己童年回忆的时候，董昭就已经让杨奉感觉到曹操是多么值得结交的朋友了。董昭的做法很简单，而且驾轻就熟，他又一次成了曹操的代言人。在给杨奉的信中，董昭对杨奉倾尽了仰慕之情，并对他的功绩大肆赞美了一通，转而说：现在事务繁重，仅靠杨奉一个人单干可忙不过来，他需要帮助。曹操则非常乐意出力。你有兵，他有粮，二人可以互通有无，生死与共。这让杨奉着实感动，并且看到了联合的实惠，杨奉马上明确自己的立场：国家就是需要曹操这样的人，并且上表给天子，让曹操做了镇东将军，继承了他父亲曹嵩的爵位——费亭侯。杨奉如此。董承则急切地盼望着曹操的到来，因为他想假曹操之手，还韩暹以颜色，为自己出口恶气。

当时杨奉屯兵于雒阳以南的梁县（今河南汝州），杨奉既然把曹操当作了朋友，也就打开关卡，让曹操从颍川顺顺利利地到达雒阳；董承负责雒阳的防务，也不会将曹操拒于城门之外。就这样，曹操回到了阔别七年的雒阳。

但是来到了雒阳，并不等于可以立即实现"奉天子"的既定计划，其间还存有变数。

曹操见到董昭的第一句话就是："今孤来此，当施何计？"[1]董昭成竹在胸，认为：

> 此下诸将，人殊意异，未必服从，今留匡弼，事势不便，惟有移驾幸许耳。然朝廷播越，新还旧京，远近跂望，冀一朝获安。今复徙驾，不厌众心。夫行非常之事，乃有非常之功，愿将军算其多者。[2]

董昭计策的关键：把天子留在雒阳多有不便，应该移驾颍川郡的许县（今河南许昌）。曹操基本同意了董昭的想法，但是还有顾虑，那就是移驾许县，杨奉肯定不答

---

[1]《三国志》卷一四《董昭传》。
[2]《三国志》卷一四《董昭传》。

应，如果遭到他的阻截，怎么办？

董昭也想到了这一点，进而献策说：先派人去答谢杨奉此前对曹操的帮助，对他进行必要的安抚，再向他说明雒阳粮食短缺，要暂且移驾鲁阳就食。这样杨奉就不会有什么怀疑。

董昭此计的关键就在于向鲁阳的佯动。去鲁阳，要经过杨奉驻屯的梁县，杨奉不会生疑也就在此。曹操遂依计行事。八月庚申，天子起驾南下，奔轘辕关而去。十天后，九月己巳，天子出现在许县曹操大营。等到杨奉发觉受骗，为时已晚。

196年10月7日
196年10月16日

董昭为什么选择了许县作为安置天子的国都？就地理位置而言，许县处于平原地带，没有优势，袁绍就指出"许下埤湿"[1]，作为此地不宜为都的证据。从军事角度来讲，许县基本上是无险可依，是"四战之地"。董昭以许县为都，或真的只考虑到曹操主力驻屯此地，粮食储备还算充足，是权宜之计；更可能的是要应那句"汉以许昌失天下"[2]的谶语，以此来掌握先机。至少是有人已经相信了。献帝在许安顿下来之后，袁术就认为这是天意所为，因为在谶语符命满天飞的汉末，就有谶文讲："代汉者，当涂高也。"袁术字公路，公路与当涂合辙，既然汉天子

---

[1]《后汉书》卷七四上《袁绍传》。
[2] 出自《春秋佐助期》，见《三国志》卷二《文帝纪》注引《献帝传》。

到了许，那么自己不做皇帝，显然有违天意，于是，就忙不迭地称帝了。

自天子入许之日起，后董卓时代宣告结束，凉州武人将陆续退出历史舞台。曹操则实现了由毛玠规划、荀彧完善的"奉天子"计划，并由纯粹的尊献派，转向了与否献相区别的中间道路，生成了表面尊奉，实际利用的"挟天子以令不臣"的政治生态，是对荀彧所提供的"晋文""高祖"历史模式的复刻。原本厌恶"势利"的理想主义者，在几经沉浮后，选择了与"势利"和解，就此开启了一个崭新的建安时代。这一年，曹操四十二岁。

这里还需要对曹操"奉天子"的"剩余价值"多说几句。如果说在建安初期，曹操只是看中了"奉天子"能够给其带来的政治利益的话，即上文荀彧所言的三点收益，那么，随着曹操的征战，势力范围不断扩大，实力日益增强，"奉天子"已经失去了它的价值。有学者就曾指出"挟天子"对曹操的政治影响具有两面性，即有利有弊，在统一北方的过程中是利大于弊，大局基本稳定后，则弊大于利[1]。既然如此，那么，曹操为什么在羽翼丰满之后，还要固执地维持着对汉天子的控制呢？通常有两种看法：

首先，曹操"挟天子"，具有明显的因袭性，就此点

---

[1] 参见马植杰《三国史》。

而言,"挟天子"的实质是控制天子,把持皇权,左右政治。回顾一下东汉中后期以来的政治状况即可知,母后、外戚以及宦官垄断皇统继承的做法、董卓的废少立献,无疑都是在同一层次上重复"挟天子"的把戏,曹操只能算是一个"挟天子"的继承者。[1]

其次,忠君思想、君臣名分的观念仍旧在执行着它们的教化功能,对维系士大夫理念,恢复社会秩序,起着无法取代的作用。[2]

然而这一切都是暂时的,就如同曹操讲"奉天子"而讳言"挟天子",虽在矫饰之下有其真实的一面,但最终将归于一种假象。历史究竟能给那个时代带来怎样的思想解脱?是否能为时代的政治转机带来某些可资利用的成例?如果说"奉天子"规范了建安时代的政治路向的话,曹操可以不做出超越,可以不做出有违初衷的选择,但是因袭并不等于无所更新,恪守君臣名分,却可作为体面的外衣,其遮掩的是一个事实上已经取代了许昌汉廷的曹氏政权,在那里清晰地指示出了"奉天子"的未来出路。

---

[1] 参见陈勇《董卓、曹操与汉魏皇权》,收录于中国魏晋南北朝史学会编《魏晋南北朝史研究》。
[2] 如贺昌群《英雄与名士》一文中所言:"两汉四百年的统一局面,君权更扩大了,再经光武的提倡儒术,崇尚气节,深深地植下了汉帝国的一个坚强的君臣名分观念,这个观念使东汉中叶以后百余年间乱而不亡。三国之前期,群雄……无不欲帝制自为,而终于不敢建国称号,窃据名器,就因为碍于这个名分观念。"见《贺昌群史学论著选》。

八 新朝廷

军府：割据政权的新形式

天子来了许县，住了下来，许县也就陡然升作国都。作为拯救天子出苦海的功臣，曹操也就"自然而然"地要收获各种各样的官爵。这个不断升格的过程经历了二十一年，其间，曹操着意改造自己的政权组织形式、结构和职能，而不是融入朝廷之中。

曹氏政权组织的出现还要从当年曹操陈留起兵说起。那时，曹操兵微将寡，是无法与关东联盟的诸路大员平起平坐的，况且作为朝廷的"钦犯"，他已无可以炫耀的头衔，这位前典军校尉只能接受来自盟主袁绍的呵护，从他那里得到一个"行奋武将军"的军号。所谓"行"，有临时之意，并且袁绍也没有授官的权力。后来，实力派们在自己的控制区内，给自己的部下封官，甚至是任命牧守，就成了家常便饭。曹操也正是得益于这个临时的身份，形成了曹氏政权的雏形，它就是将军幕府。此幕府的职能只有一个，那就是行军作战。

联盟解散后，曹操又先后做了东郡太守、领兖州刺史，他的任职仍旧与袁绍的授意及其战略规划有着密切关系，陈琳《讨曹檄文》讲：

> 方收罗英雄，弃瑕录用，故遂与操参咨策略，谓

其鹰犬之才，爪牙可任。至乃愚佻短虑，轻进易退，伤夷折衄，数丧师徒。幕府辄复分兵命锐，修完补辑，表行东郡太守、兖州刺史，被以虎文，授以偏师，奖蹙威柄，冀获秦师一克之报。[1]

在袁绍眼里，曹操就是"鹰犬""爪牙"，本领不大，常打败仗。但是袁绍没有嫌弃他，反而给他补充兵员，继续授他官职。这样看来，曹操是在袁绍忙于冀州事务，无暇他顾之际，派驻兖州的代表。并且，曹操在遭遇兖州事变后，一度要放弃兖州，收兵北上，与袁绍会合。

即便在代领地方的时候，曹操也把将军幕府保留了下来，之所以有这样的认定，是因为在《三国志·毛玠传》中透露了一则兖州府吏职务调整的信息，那就是毛玠由州治中从事转为幕府功曹。治中已经是州中大吏了，从这样重要的位置上离开，进入幕府任职，可见，幕府应是曹操政权组织的核心所在。

不难看出，曹氏政权组织在形式上并存有两套机构（以下称复式机构）：一套是用于作战指挥的将军幕府，一套是管理地方政务的州、郡府。这种组织形式，不是曹氏所特有，而是汉末割据诸侯们共有的组织形式，从下表中几位著名诸侯的职官可以看得很清楚：

---

[1]《三国志》卷六《袁绍传》注引《魏氏春秋》。

割据派	军职	州郡职
袁绍	车骑将军、右将军、大将军	渤海太守、领冀州牧
袁术	后将军、左将军	领扬州刺史
刘表	镇南将军	荆州牧
孙权	讨虏将军、行车骑将军、骠骑将军	领会稽太守、领徐州牧、领荆州牧
刘备	左将军	领豫荆益三州牧

那么，为什么会出现这种组织形式？

一、地方州郡职的必要性。当年袁绍打算取代韩馥入主冀州时，逢纪曾言："将军举大事而仰人资给，不据一州，无以自全。"[1] 就此意义而言，地方政府职能不可或缺，这是在举国军事状态下，为充分有效调集地方资源以供军需的必要设置，也是在东汉帝国处于事实分裂状态下，诸侯各自圈定势力范围的需要。

二、保留军职，并以军职为本官，是其中央官身份和权威的体现，也是突出其军事职能的需要。旨在打破州郡牧守军权的地域性，为其跨地区，乃至全国征战，即兼并战争，提供合法性和职能保障。这就意味着，对于各地诸侯，军职绝非是可有可无的装饰品，它是征伐不臣的旗帜，是利刃。这在曹操建安元年的职官变化上就表现得异常明显：

建安元年二月，曹操得到一个杂号将军的军号——建

---

[1]《三国志》卷六《袁绍传》注引《英雄记》。

德将军，这比起当年从袁绍那里得到的行奋武将军来说，可正式多了。

同年六月，迁镇东将军。

同年八月，假节钺，录尚书事。领司隶校尉。至此，曹操领有二州：司隶和兖州。并实际占有豫州一部。

同年九月，曹操当上了大将军。

同年十一月，因袁绍不满，曹操辞去大将军一职。转任司空，行车骑将军。

从曹操官职爬升的轨迹看，建安元年九月，天子移驾许县后，曹操迅速将自己的地位拉升到空前高度，做了大将军，这使他一跃成为朝官领袖。而这大将军一职在东汉可不是什么人都可以充任的，它是给外戚专设的职位。对于从小就生活在京都，二十岁入朝为官，久处官场的曹操来说，大将军意味着什么，他应该是一清二楚的。那么，他为什么急于坐上这个位子？恐怕还要从曹操总揽朝政，将最高军政权集于一身，并且急于"挟天子以令诸侯"的政治目标说起。

但很快，曹操这个一劳永逸的安排，就遭到了来自袁绍方面的非议和挑战。袁绍明确表示不能接受，曹操做大将军，袁绍做太尉，曹操就是忘恩负义，是"挟天子以令我乎"[1]！实力面前，曹操自忖难以与袁绍抗衡。因此，袁绍反对有效，曹操也只能屈服，把大将军拱手相让，自

---

[1]《三国志》卷六《袁绍传》注引《献帝春秋》。

己退而做了司空。而远离朝廷的袁绍争夺大将军一职，则不仅是虚荣心在作祟，"耻班在公（指曹操）下"[1]，更是因为看重这一职位对全国军事力量的影响力。袁绍的上位，直接导致了曹操一揽子解决其政权组织形式计划的夭折。在当时，这种中央级将军幕府加州郡地方政府的组织形式，被称作"军府"。

在让出大将军一职后，曹操用了十多天的时间调整自己的军府形式[2]。表面上是曹操做了退让，实则曹操任司空，是以退为进，这在他礼节性地让还司空印绶的上表中，就表现了出来：

> 臣文非师尹之佐，武非折冲之任。遭天之幸，干窃重授，内踵伯禽司空之职，外承吕尚鹰扬之事，斗筲处之，民其瞻观，水土不平，奸宄未静，臣常愧辱，忧为国累。臣无智勇，以助万一，夙夜惭惧，若集水火，未知何地，可以殒越。[3]

在"谦卑"的用辞中，曹操把"水土不平，奸宄未静"联系在一起，"水土"之事自然是司空本职，但要肃

---

[1]《三国志》卷一《武帝纪》。
[2] 曹操是在建安元年十一月戊辰辞去大将军职，于建安元年十一月丙戌出任司空，行车骑将军事。前后十九天的时间。　196年12月14日　197年1月1日
[3] 见（唐）欧阳询撰、汪绍楹校《艺文类聚》卷六七《衣冠部》之《衣冠》。

清"奸宄",就要诉诸武力。这是对"内踵"和"外承"的最好注解,也是应赋予的司空职权。天子自然会理解曹操的苦衷,也不会让曹操辞职,况且曹操说得又这么直白,要以退为进,天子答应曹操的要求就是了。"奉天子"的方便得到了体现。

司空权力得以扩大化,司空领兵成为事实。按照汉家旧制,司空在三公班次中最低,而经曹操改造后的司空,则成为"上司","曹操自为司空,行车骑将军事,百官总己以听"[1]。曹操就位,其军府主体,是拥有军事职能的司空府取代了原来的将军幕府。而曹操军府的变化并未就此止步,军府继续走着一条规模扩张、机构膨胀、建立国家之路,同时还要对许都汉廷进行不断的"拆迁",最终要实现汉廷的空心化。

先看一下在曹操建国之前,曹操军府自身的两个变化:

一是州府价值的改变。曹操做司空近十三年,在此期间他所兼领的官职有放弃的,如司隶校尉;有被剥夺的,如行车骑将军;有更换的,如建安九年九月,曹操领冀州牧,让还兖州牧。军府的复式机构依旧——司空府加冀州府。只不过,前面所谈到的复式机构中的州府职能——提供军需,随着曹操实际控制地区的扩大而削弱。

---

[1]《后汉书》卷九《孝献帝纪》。关于"自为",可参见(清)赵翼《廿二史札记》卷六《三国志·后汉书三国志书法不同处》。亦可见(清)何焯《义门读书记》卷二一相关条目。

一则从建安元年献帝都许,曹操便开始推行屯田,以此来解决"军食"不足,屯田的收成,足以摆脱过去仅靠一州"资给"的局限性;

二则,由于长时间的战乱,原来被认为富庶的地区破败了。当曹操打下冀州,查阅了冀州户籍后,高兴得不得了,"三十多万户",真是和传说的一样,曾记得韩馥掌冀州时,"带甲百万,谷支十年",那是何等的富裕。崔琰却过来给他泼了盆冷水,告诉他,打了这么多年仗,冀州是大不如从前了。频遭战乱,百姓避乱流亡,政府户籍只是一个虚数,所谓"天下户口减耗,十裁一在"[1]。

冀州的残破也很快使曹操冷静下来,颁布了两条法令。一条是免除冀州百姓一年租赋;一条旨在与民休息,抑制地方豪强兼并之势,规定了今后的租赋额。而人口的繁衍,经济的复苏,都需要假以时日。

而曹操仍领冀州牧,并将军府驻地移至邺城,使得冀州作为曹操核心统治区的地位得以确立,成为曹氏的"司隶校尉部"。"奉天子"由此出现了新变化:从建安元年奉天子以自近,到建安九年离天子而北上,军府与汉廷得以两立。这是在军事上的不断胜利使得曹操在政治上有了搁置天子的资本。

随着建安十七年魏郡增益十五县,建安十八年东汉政区调整,恢复九州,随后献帝命曹操以大冀州十郡建立魏 212年、213年

---

[1]《三国志》卷八《张绣传》。

国，曹操愈发感觉到冀州这块土地是他立业之本。黄初二年，曹丕把邺定为五都之一，认为这是曹家的龙兴之地，"王业之本基"。

221年

二是司空府转制为丞相府。建安十三年年初，东汉中央官制进行了一次改革——废除三公，设立丞相和御史大夫。曹操自然做了这次改革后的第一位丞相。而这次改革留下了两个疑点：

208年

疑点一，这次官制改革的发起者是司徒赵温，但赵温同时被免了官。赵温被罢免的原因比较蹊跷：他辟曹操的儿子曹丕为吏，曹操以选举不实为由，给天子上表，免了赵温的官。如果时间倒退个几十年，一个人能有幸进入司徒府为吏，就意味着仕途坦荡，前程似锦。但是，此一时彼一时，曹丕的前途可由不得赵温，况且赵温要辟曹丕为吏，也未必是自己的意愿。其中隐秘在于：赵温倡议置丞相，得益者是曹操无疑。而赵温又在理论上会成为丞相候选人，成为曹操的竞争对手。做丞相，赵温做不了；如何退出政坛，为曹丞相的就职扫清道路，才应该是赵温思考的问题。做一件大家都认为是触怒曹操的"合理"的事情，全身而退，不失为明智的选择。抑或是曹操授意所为，也未可知。

疑点二，就所设丞相、御史大夫二职而言，是否在恢复汉初旧制？史无明言。但是，在建安十七年，天子再赐曹操殊荣——赞拜不名，入朝不趋，剑履上朝，依照的就是汉初高祖给予萧何的待遇。这也就暴露出建安十三年恢复丞相的制度根据，就是汉初故事。而总理万机，大权独揽，是曹操"奉天子"要达成的最重要的政治目标之一。弱小时，司空曹操尚要竭力做到"百官总己以听"，成为事实上的执政者。但名实不符，还是很令曹操费了些心思，前面讲司空领兵就是例证。强大了，司空转丞相，就是要做到名实相符，这也许就是此次官制改革的动机所在吧！不过，百密一疏，西汉故事与东汉制度之间还有不衔接的地方。于是，有人认为丞相掌管军事讲不通，动议让曹操"委捐所典兵众以还执事"[1]。这恐怕是曹操没有料到的事情。

再说官制改革中提到的御史大夫。明人王世贞说："献帝时尊权将曹操并太尉司徒于丞相俾任之，而郗虑以御史大夫为之副，然不复置中丞。"[2] 他只说对了一半，御史大夫为丞相副是要打个折扣的，荀绰《晋百官表注》："献帝置御史大夫，职如司空，不领侍御史。"[3] 则建安十三年设立的御史大夫，并不是汉初旧制中那个地位显赫的御史大夫。它在建安十三年重新出现，只不过是曹丞相拉过来的一个陪衬，有御史大夫之名，却无御史大夫之实。曹植在《武帝诔》中说："乃位丞相，总摄三公。"御史大夫可能连那个"职如司空"也做不到。出任御史大夫的是郗虑，这是一个"承望风旨"的人，或者说是曹操安

---

[1]《三国志》卷一《武帝纪》注引《魏武故事》。
[2]《弇州续稿》卷四九《都察院左右都御史表序》。
[3] 司马彪《后汉书志》第二十四《百官》一刘昭注引。

置在汉廷的爪牙，凡是有利于曹操的事情，郗虑总要效犬马之劳，免赵温、孔融的官，策命曹操为魏公，弑伏后……真正的丞相副郗虑做不了，那是曹操留给曹丕的位置，"（建安）十六年春正月，天子命公世子丕为五官中郎将，置官属，为丞相副"[1]。

元人马端临对此次官制改革的评述，则看到了其间的奥秘："东汉本不置丞相，建安特置之以处曹操。魏本不置丞相，正始特置之以处司马师、昭。……丞相既不为宰相之任，而尝为擅代之阶。"[2]曹操要做丞相，是他要进行改朝换代的序曲。

曹操为丞相，司空府改换门庭，称为丞相府了。军府主体随之变更。如果还是从制度本身来发现此次军府变化的意义的话，有两点值得一提：

一是，丞相府取代司空府，吏员增加。东汉司空吏员不过七十余人[3]。当然，曹操不会拘泥于这种编制，在实际操作过程中，会运用许多变通的方式，来增设自己的属吏员额。这一点详见后述。而丞相吏员，在西汉武帝时曾经达到了三百八十二人，并且丞相增加吏员还有着制度上的保障，即"丞相典天下诛讨赐夺，吏劳职烦，

---

[1]《三国志》卷一《武帝纪》。
[2]《文献通考》卷四九《职官考》三。
[3] 司马彪《后汉书志》第二十四《百官》一。

故吏众"[1]。吏员增加，对于曹操安置人才有利。

二是，司空吏员转制为丞相吏员，秩级、俸禄提升。观下表便可知究竟[2]：

吏员	司空		丞相	
	掾	属	掾	属
秩级	比四百石/比三百石	比二百石	四百石/六百石	二百石
月俸	四十斛/三十七斛	二十七斛	四十五斛/七十斛	三十斛

秩级升了，俸禄涨了，虽然此次调整的力度不是很大，但是对于追随曹操左右的府吏们来说，也是件高兴的事情。而曹操普惠属下的工作还要继续做下去，他还要把他的吏转变成官，这个官可不是汉官，曹操建国已经被提到议事日程之上。

建国：军府的朝廷化

建安十八年五月丙申，天子使郗虑持节策命曹操为魏公。至于曹操为什么要做这个魏公，抛去这里面掺杂的古制不谈，其中的政治意义很深远。当年，刘秀以河北之

213年6月16日

---

[1] 卫宏《汉旧仪》卷上。
[2] 表中所列秩级和月俸来源于司马彪《后汉书志》第二十四《百官》一。

八、新朝廷 / 159

众，攻城略地，势力逐渐壮大，得天下指日可待，这时手下人等纷纷请求刘秀称帝，刘秀百般推辞，耿纯进言：

> 天下士大夫捐亲戚，弃土壤，从大王于矢石之间者，其计固望其攀龙鳞，附凤翼，以成其所志耳。今功业即定，天人亦应，而大王留时逆众，不正号位，纯恐士大夫望绝计穷，则有去归之思，无为久自苦也。大众一散，难可复合。时不可留，众不可逆。[1]

耿纯说的这番话很有意思，足以让刘秀回心转意。大家跟着刘秀南征北战，出生入死，图的是什么？说白了，就是要"攀龙鳞，附凤翼"，讲求的是一个实惠。刘秀做不做皇帝，已经不是刘秀自己的事情了。你不做，大家寒心，散伙走人，刘秀还打什么天下。曹操不会不懂得这层意思，他做不做魏公也不是自己的事了，他做了，就是一种表态，手下的将吏们就有一份对未来的期盼。于是，在曹操礼节性地表示辞让的时候，以荀攸为首的三十位曹府将吏们如耿纯附体一般，集体劝进：

> 魏国之封，九锡之荣，况于旧赏，犹怀玉而被褐也。且列侯诸将，幸攀龙骥，得窃微劳，佩紫怀黄，盖以百数，亦将因此传之万世，而明公独辞赏于上，

---

[1]《后汉书》卷一上《光武帝纪》上。

将使其下怀不自安，上违圣朝欢心，下失冠带至望，忘辅弼之大业，信匹夫之细行。[1]

旨意——辞让——劝进——上位，除了上位只有一次外，其他三个环节均可多次，形成往复之势，成为曹操刻意编排出来的强臣之礼，为嬗代之际提供了可操作的模板。魏公，曹操自然是要做的。至于册封的内容和魏公国的规制，大概在一年前，就有人开始设计，他就是当年帮助曹操完成"奉天子"大业的董昭。但从成于潘勖之手的册文来看[2]，董昭设计的侧重点在于对曹操十一项功劳的讴歌及其九锡备物，而且还为魏公配置了两件法宝：一是金虎符，一是竹使符。前者，是国家兵权的象征，有了它，就可以征发天下武力；后者，是国家统治的信物，有了它，就可以随意调遣地方长官。而对魏公国的规制仅限于两条：一是魏国疆域：辖河东、河内、魏郡、赵国、中山、巨鹿、常山、安平、甘陵、平原十郡，冀州只有勃海、河间未划入魏公国。不过，曹操又领冀州牧，这也是册文特别强调的一点——"丞相领冀州牧如故"，则魏公国实际管辖十二郡；二是魏国官员配置："魏国置丞相已

---

[1]《三国志》卷一《武帝纪》注引《魏书》。
[2] 潘勖册文存世有两个版本，一个见于《三国志》卷一《武帝纪》，一个为南朝梁萧统《文选》卷三五所收录，两相对较，前者为节本，后者较为完整地保留了册文的格式与内容。

下群卿百僚，皆如汉初诸侯王之制。"对于此意，曹操显然认为不够严谨，随后打着辞让的幌子，专门以令的形式，对"汉初诸侯王"做了说明："汉之异姓八王者，与高祖俱起布衣。"[1]广而告之，天子策命建立的魏公国，比照的是汉初异姓王的规制，是独立王国，是小朝廷。而军府移置邺城，已经事实上造成了军府与许都朝廷的分立，也早就为曹氏建国埋下了伏笔。

既然要依照汉初异姓王之制来设官分职，天子就无权干涉魏国官员任命。但是，曹操认可的魏国核心官员名单却姗姗来迟，直到册文颁布后半年，才总算有了一个大致的眉目："十一月，初置尚书、侍中和六卿"[2]。名单如下[3]：

---

[1]《三国志》卷一《武帝纪》注引《魏书》。
[2]《三国志》卷一《武帝纪》。
[3] 陈寿应该是选择性地遗忘了这份名单。到了南朝宋，裴松之从《魏氏春秋》中补充了魏国初建时尚书、侍中的名单，但无法还原六卿为谁。清人赵一清《三国志注补》："至六卿者，按汉以太常、光禄勋、卫尉、太仆、廷尉、大鸿胪、宗正、大司农、少府为九卿。王国省廷尉、少府、宗正三卿。此汉旧仪也。然裴注于二十一年引《魏书》曰：始置奉常、宗正官。二十二年引《魏书》曰：初置卫尉官。斯时九卿咸备其职。且所省者亦非廷尉、少府，故始建国即以大理钟繇为相国，大理，廷尉也。十九年注魏送贵人有少府，则汉代王国所省之三卿，俨然在列。"又，洪饴孙《三国职官表》以为建安二十一年始置大鸿胪，所据失察。又将中尉窜入卿列，不知所据。综而言之，据建安二十一年、二十二年始置官，则魏国初建的六卿应为：郎中令（黄初元年改回光禄勋）、太仆、大理（黄初元年改回廷尉）、大鸿胪（未详其人）、大农（黄初元年改回大司农）、少府。

尚书

尚书令——荀攸

尚书仆射——凉茂

尚书——毛玠、崔琰、常林、徐奕、何夔

侍中

王粲、杜袭、卫觊、和洽

六卿

郎中令袁涣

太仆国渊

大理钟繇

大鸿胪未详其人

大农王修

少府王朗

曹操花费了半年时间或自董昭动议起的更长一段时间，才确定下这十七人成为魏国元老，要了解其用心，还需对这有名有姓的十六人做个简介：

荀攸，豫州颍川颍阴（今河南许昌）人。当年何进招揽海内名士的时候，荀攸就是其中一员；在诛除宦官的运动中，他是谋主之一；董卓进京，把持朝政，他又成为朝臣中刺杀董卓的骨干力量之一，并且是最早萌生"挟天子"思想的名士。后来，因伍孚行刺董卓未遂，谋刺董卓计划暴露，被董卓投进大牢。王允借助吕布等并州武人铲除董卓成功，荀攸得以幸免于难。出狱后，寻求外任，决心远离长安这块是非之地。曹操"奉天子"至许后，人才短缺，曹操视为"子房"的荀彧便把荀攸推荐给曹操。从辈分上讲，年长的荀攸是荀彧的侄子。而曹操对于荀攸应该在洛阳时有所了解，待到面谈之后，更是喜出望外，认为这是一个"非常之人"，可以帮助自己成就大业，随即引入军府，授以军师之职。荀攸跟随曹操南征北战，逐渐取代原来荀彧的位置，成为曹操军府首席谋士。在魏国建立前，是丞相中军师。

凉茂，兖州山阳昌邑（今山东巨野）人。经学之士，又具行政能力，先入曹操司空府为吏，后历任郡国守相，再入军府成为曹丕五官中郎将长史，魏国建立前，是丞相左军师。

毛玠，兖州陈留平丘（今河南封丘）人。县吏出身，曹操入主兖州后，为州治中从事，是曹营中最先提出"奉天子"概念的人，深得曹操信赖，后入幕府为功曹。曹操为司空、丞相，毛玠长期担任军府东曹掾一职，负责人才铨选。魏国建立前，是丞相右军师。

崔琰，冀州清河东武城（今河北故城）人。文武兼备，汉末大儒郑玄的学生，是河北士人领袖。曾为袁绍所用，后受袁绍子迫害，入狱。曹操占领冀州后，为冀州别驾从事，曾在曹操出征时，佐助曹丕理政。一度进入军府，和毛玠一起负责人才铨选。魏国建立前，是丞相征事。

常林，原司隶河内温（今河南温县）人。河内在九州恢复后，划入冀州，成为魏国所辖十郡之一。常林在汉末动乱的时候，举族迁往上党。受到曹操委任的并州刺史梁习的推荐，开始其仕宦生涯，先是从县长做起，有政绩，越级提拔做郡守、刺史，后入军府，成为曹丕五官中郎将功曹。之后，又外任地方官，再入军府，魏国建立前，是丞相东曹属。

徐奕，徐州东莞（今山东沂水）人。曹操为司空时，入府为吏。建安十六年随曹操西征马超，以丞相长史的身份留镇长安，后为雍州刺史，还府做东曹属，出任魏郡太守。魏国建立前，是丞相长史。

211年

何夔，豫州陈郡阳夏（今河南太康）人。党人之后，汉末避乱淮南，不为袁术所用。后还乡，为曹操所辟，入府为吏。出任县、郡长官，有治绩。征还，参丞相军事。地方有事，重新出府为郡守。魏国建立前，是丞相东曹掾。

王粲，兖州山阳高平（今山东济宁）人。名公之后，其父就是大将军何进想与之联姻的大将军长史王谦。王粲避乱至荆州，依附刘表。刘表是王粲祖父王畅的学生。因为王粲长相不佳，没有得到刘表的重用。在建安十三年，曹操南征的时候，王粲劝说刘表子刘琮投降，得入曹操军府为吏。魏国建立前，是丞相军谋祭酒。

杜袭，豫州颍川定陵（今河南舞阳）人。祖上是东汉名臣。杜袭在汉末动乱的时候，客居荆州，不为刘表所用。后还乡，接受曹操的任命，出任西鄂长。西鄂地接荆州，杜袭在抵御刘表部进攻中建功，受到曹操重视，征还入府。魏国建立前，是丞相军祭酒。

八、新朝廷 / 165

卫觊，原司隶河东安邑人。河东在九州恢复后，属冀州。才学之士，曹操为司空时，入府为吏。一度出任茂陵令。后回许都汉廷担任尚书郎，曾出使益州，试图联络刘璋，牵制刘表。但由于道路不通，留驻长安，与钟繇一道镇抚关中。魏国建立前，为汉尚书。

和洽，豫州汝南西平（今河南舞阳）人。避乱荆州，不为刘表所用。建安十三年，刘琮举荆州降曹，和洽得入丞相府。魏国建立前，没有具体执事。

袁涣，豫州陈郡扶乐（今河南太康）人。名公之子，曾为郡吏，后入朝为官，出任谯令，曹操家乡的父母官。时值天下大乱，袁涣没有就任。刘备做豫州牧的时候，举他为茂才。后南下避乱，先后为袁术、吕布所用。曹操攻下徐州后，归属曹操，为地方长官，有治绩。魏国建立前，为丞相军祭酒。

国渊，青州乐安（今山东博兴）人。郑玄弟子。曾避乱辽东，还乡里，受曹操所辟，入府为吏，一度主持屯田事务。建安十六年，曹操征关中时，为丞相长史。魏国建立前，为魏郡太守。

钟繇，豫州颍川长社人。曾经在曹操实行"奉天子"计划时出过力。在定都于许后，钟繇出任汉侍中、尚书仆射，成为荀彧的副手。曹操与袁绍对峙期间，以侍中守司隶校尉的身份，持节镇抚关中，免除了曹操西线之忧。建安十六年，入丞相府，为前军师，至魏国建立。

王修，青州北海营陵（今山东昌乐）人。先后为孔融、袁谭吏，多有义举。后降曹操，入府为吏。魏国建立前，曾为魏郡太守。

王朗，徐州东海郯（今山东郯城）人。经学名士，曾拜太尉杨赐为师。做过朝官和一任县令。后因杨赐去世，弃官服丧。汉末天下大乱，作为徐州刺史陶谦的治中从事，出使长安，官拜会稽太守。在会稽任上，遭到孙策的攻击，抵抗后投降。曹操以天子名义，征他还朝，后入司空府，参军事。魏国建立前，王朗的职务是丞相军祭酒。

从上述十六人的简历中，不难发现，能够成为魏国元老，要有三个条件：

一、要有曹操军府成员的背景。

二、要在建安十三年（包括建安十三年）前进入曹操军府。

三、要有在中央或地方行政的经历（和洽似乎是个特例）。

条件一，是效忠曹操和魏国的必要条件。

条件二，以建安十三年断限，可看作曹操通盘考虑的结果。建安十三年，曹操进驻荆州，发动渡江作战，却折戟赤壁。从此，曹操与孙权、刘备进入军事对峙，曹操统一中国的愿望一时难以实现。而这一年也是曹操最后一次大规模接收名士入府。

条件三，魏国政府不应是个摆设，应肩负起实际的行政职能。而此种职能与公国政治关联不大。曹操建国，绝非是要享受一份藩国之君的尊崇，他不可能把自己的魏国政府作为一个"养老院",大批原丞相府的心腹能吏转入魏国政府,尤其是丞相府中位居显职的四大军师,有三人入魏尚书台,魏国政府岂能虚置?如此力度的人员调配,足以说明曹操是要把魏国政府建立成凌驾于汉丞相府之上的"长老院"。而此意又颇费了曹操一番心思。曹操一开始大概是这样做的:

一、精简丞相机构。曹操曾在魏国建立前夕进行了一次丞相府机构的精简和人事调动。关于此次事件,我们现在只知道一点信息,那就是裁撤了丞相西曹,保留了丞相东曹。久居东曹掾一职的毛玠升任右军师。并且在毛玠离任后,曹操缩短了东曹掾的任职周期。而丞相府东西曹,职能都与人才选举有关。只不过东曹是面向府外,负责国家官员的任免;西曹面向府内,负责府吏的选用。而省去西曹,意味着丞相府吏的选用被冻结,日后人才的流向将导入魏国尚书台。

二、使魏国政府组成人员有更广泛的代表性。魏国政府在曹操心目中的定位,应是一个能代表自己实际统治区的政府,而不是一个藩国。曹操的实际统治区(按恢复后的九州来划定)包括:冀州、兖州、豫州、青州、徐州、雍州和荆州北部、扬州北部。如果把上面我们所知道的魏尚书、侍中和六卿十六人的里籍做个统计,可得到这样一组数据:

豫州六人,兖州三人,冀州三人,徐州二人,青州二人。

并且,这十六人还不是最初的魏国政府组成人员,我们现在至少知道曹操在魏国建立后，还任命张既、杜畿为魏尚书，二人均为雍州人氏。但是，杜畿在河东、张既在西部的作用无人可以替代，曹操考虑再三，还是让他们继续出掌地方。如果张、杜留任，则不处于南部前线的各州都将在魏国政府有自己的代表。这也是魏国核心官员名单在半年后才公布的原因之一。

由此可见，要弱化丞相府，使魏国政府成为实权政府，就要冲破"汉初诸侯王之制"，引入汉朝廷之制，增设枢要机关，以心腹能吏担任尚书、侍中，参赞机要，铨选人才，处置政务。并且还有迹象表明，魏国政府建立后，就着手新制度的制定，王粲、卫觊等人就肩负着这方面的使命。

要使魏国政府具有代表性，反复权衡在所难免，毕竟这反映了魏国政府是否能体现群体利益。而建安十八年十一月的所谓"初置尚书、侍中和六卿"，很有可能只是一个组织架构的公布，并没有公布具体人选，荀攸等人是渐次就职。这在诸卿的仕宦简历中就能够得到很好的体现，像国渊、王修、王朗等人都在魏国建立前后担任过魏郡太守之职，魏郡太守俨然成了是否可以担任魏卿的检验站。曹操推迟公布政府人员组成也就在情理之中了。

不过，曹操在处置魏国政府和汉丞相府的关系上，显然有些"急躁"。如果不迈出汉魏政权更替的实质性一步，魏国仍旧名义上是汉朝制下的藩国，汉丞相府仍旧是中央政府，仍旧具有压制以汉官身份分据地方的孙权、刘备的政治优势。曹操很快也意识到此前做法的不妥，在建安十八年后，又对魏国政府和汉丞相府的关系做出调整：

1. 恢复裁撤的丞相府机构，并对丞相府的军事职能进行了加强，如在建安十九年新设理曹，来掌管军法；又如，魏官入相府担任军吏，像那位引导曹魏后期政治走向的权臣司马懿，就在建安二十二年后，从魏太子中庶子的位置上，调任丞相军司马。

2. 魏官兼任丞相府吏。像上面提到的杜袭，后来就以魏侍中领丞相长史。日后成长为曹魏重臣的陈群，也曾在建安后期，以魏侍中领丞相东西曹掾。

这样看来，曹操的调整是在明确魏国政府与汉丞相府的职能分工：汉丞相府的行政职能由魏官代行，魏国政府以负责政务为主，汉丞相府则成为一个对外征伐的军事管理和指挥机构。

在二府职能调整的同时，建安二十一年五月，曹操为魏王，魏公国一变而为魏王国，曹操照旧做他的汉丞相，领冀州牧。魏王国设了相国，到了第二年，魏王国就已经配齐了九卿员额。至于"汉初诸侯王之制"，谁也不再去提及了。而曹操在前一年就有了"承制封拜诸侯守相"的权力。

这样一来，曹操的军府便完成了它自身的国家形态的转变。

此外，建安十六年，曹丕为五官中郎将，副丞相，选置官属。五官中郎将在汉代制度中,是光禄勋的属官,负责五官郎,五官郎平时值守殿门,天子出行时,充任护驾仪仗。但是,曹丕这个五官中郎将显然不会跑到许都,为汉天子做警卫,自然也不会有什么五官郎让他去管理。而是要另建一个机构,做他的副丞相。制度中的五官署,在曹丕那里,或许叫作副丞相府更贴切些。

同年,曹操封五子为侯,平原侯曹植、范阳侯曹据、饶阳侯曹林、都乡侯曹宇、西乡侯曹玹。后来,曹操的儿孙们又相继封侯:

建安二十年,高平亭侯曹幹。 215年

建安二十一年,鄢陵侯曹彰、平乡侯曹衮、郿侯曹峻、寿春侯曹彪。

建安二十二年,邓侯曹琮(曹据子,奉曹冲后)、临晋侯曹敏(曹均子,奉曹矩后)、郿侯曹整、樊侯曹均、历城侯曹徽、万岁亭侯曹茂。

封侯诸子,都要选置官吏,在最初封子为侯时,曹操对于侯家吏的人选很是在意,特意颁布了一道命令:"侯家吏,宜得渊深法度如邢颙辈。"[1]令中提到的邢颙,有德行,有才干,当时人对他的评价是:"德行堂堂邢子昂。"[2]曹操之所以要这样做,还有一层深意。后文将予以揭示。

---

[1]《三国志》卷一二《邢颙传》。
[2]《三国志》卷一二《邢颙传》。

八、新朝廷 / 171

建安二十二年，曹丕为魏太子。至此，曹操军府的机构最终进化成：以魏王府为核心，汉丞相府主持军务，五官署—魏太子府、曹氏诸侯府和冀州府作为人才储备池的庞大机构。

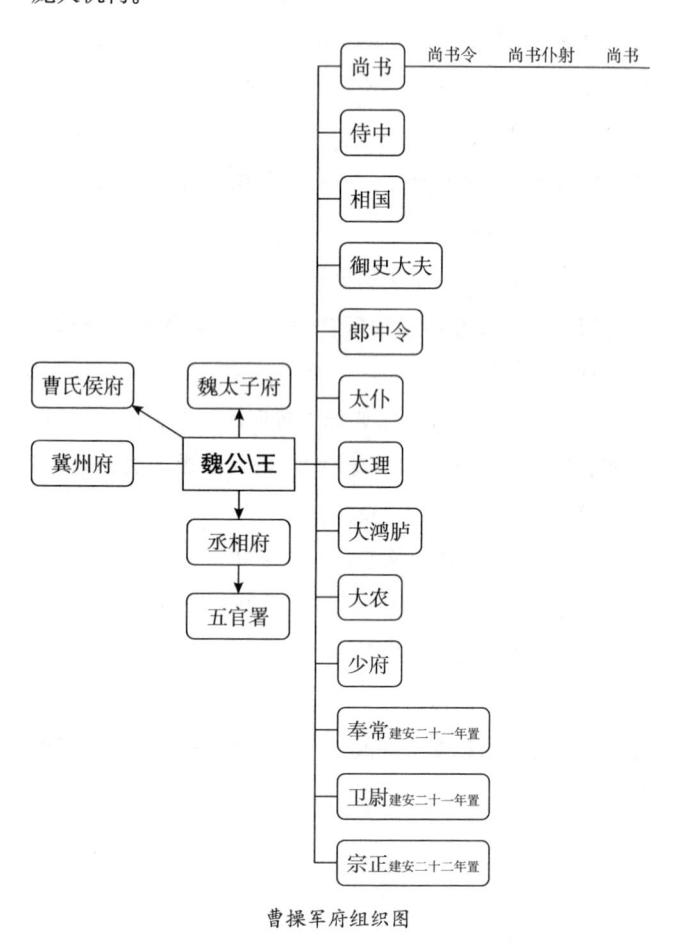

```
                          ┌─ 尚书 ── 尚书令  尚书仆射  尚书
                          ├─ 侍中
                          ├─ 相国
                          ├─ 御史大夫
                          ├─ 郎中令
  曹氏侯府   魏太子府      ├─ 太仆
           ↑              │
  冀州府 ← 魏公\王 ────────┼─ 大理
           ↓              ├─ 大鸿胪
           丞相府         ├─ 大农
           ↓              ├─ 少府
           五官署         ├─ 奉常 建安二十一年置
                          ├─ 卫尉 建安二十一年置
                          └─ 宗正 建安二十二年置
```

曹操军府组织图

附庸：被架空的许都汉廷

曹操营建军府，建立魏国，只是他政权建设的一方面。另一方面，曹操还要把许都的汉朝廷消化掉，这似乎是件简单的事情。曹操大权在握，汉朝廷设与不设，乃至天子的存留，还不都是取决于曹操的意志。但是，曹操要演一出"奉天子"的大戏，而且在曹操还没有足够强大的时候，汉朝廷还能替他遮些风雨，袁绍"每得诏书，患有不便于己，乃欲移天子自近"[1]，连袁绍这样的人物都会对天子诏书有几分顾忌，更何况其他人了。

只要曹操不迈出政权更替的一步，只要还有汉官割据地方，汉朝廷的存在就有它的价值。曹操要消化它，就不那么简单了。这就不仅仅是在虚设上做文章，还要进行"宛转"地渗透。

军事监管。对于许都汉廷，曹操始终保持着戒备。自"奉天子"至许后，曹操就对许都实行军事化监管。为此，他设置了三重警备圈：

1. 皇宫。曹操把宫廷侍卫全部换成了自己的"党旧姻亲"，陈琳在《讨曹檄文》中作了这样的描述："操以精兵七百，围守宫阙，外称陪卫，内以拘质。"

2. 许都城内。曹操委派自己的心腹王必，就是前面讲到的那位奉曹操之命出使长安的使者，率兵镇守许都城。

---

[1]《后汉书》卷七四上《袁绍传》。

218年　披露王必镇守许都事，虽晚见于建安二十三年，但作为曹操的心腹，被称为"披荆棘吏"的曹府要员，在建安年间长期脱离政权核心，不正常。合理的解释，只能是王必监管许都，不得须臾离也。从曹操专门为褒奖王必下达的令文中，还可以看到王必的身份是领长史，即兼着曹府的职务，只不过这个职务是象征性的，是曹操亲信的标志。而他的本官极可能是汉官，专司许都警卫。

3. 许都城外。曹操还在许都周围和许都所在的颍川郡进行屯田，设典农中郎将司职其事。当时的屯田有军屯和民屯之分，从后来许都发生叛乱，王必会同颍川典农中郎将严匡进行平叛上分析，许都城外应有一定数量的士兵屯田，他们是曹操监管许都的另一支重要的武装力量。另外，在建安前期，曹军诸部分别驻扎于颍川各县，像于禁屯颍阴，乐进屯阳翟，张辽屯长社。曹操在占领冀州后，曾派朱灵率五千新军屯守许南。于禁诸部并非卫戍部队，而是随时要担负出征任务的作战部队。

军府吏入朝与汉官入府。建安前期，曹操格外留心朝中尚书和侍中这两个职位。

曹操在建安元年出任大将军伊始，就委派自己的首席谋士荀彧入朝，担任侍中并守尚书令。尚书在国家政治中的作用，非同寻常。侍中又是天子身边的近臣，随王伴驾，以备顾问。在灵帝的时候，成立侍中寺，而在汉代，只有卿一级的机构才能称为寺，灵帝显然在拔高侍中的规格。并且，很可能在同时，侍中被赋予了"省尚书事"的权力，即尚书办理的文书，要经过侍中的审核才能生效。在中平六年雒阳政变发生后，宦官被清除，侍中与天子的联系更加密切，王允就认为这样会造成国家机密的泄漏，要求明令禁止侍中出入禁中，断绝禁中与外界的交往。看来，侍中参政作为制度是被延续了下来。曹操建魏国，设尚书、侍中，想必也是朝中既成形式的移植。而建安元年以荀彧担任侍中、守尚书令，一来，侍中秩级较之尚书令为高，以侍中为本官，是对荀彧的优待；二来，可以使尚书、侍中事合二为一，有利于曹操意志迅速转化为国家意志。

荀彧之外，在天子到达许后，曹操随即派出自己的得力助手程昱入台阁为尚书，只是因为当时曹操手下可用之才匮乏，不得已又将程昱调出，让他重新回到兖州，负责兖州防务。官渡之战前，许都政变在即，汉尚书台又增设职官，设左右仆射，左仆射荣郃，右仆射卫臻。就当时形势而言，曹操与袁绍的战争一触即发，此时增设左右仆射，作为尚书令荀彧的副手，大概是想让荀彧能分身出来，专心应对前线战事。同时，原尚书仆射钟繇已经前往长安，安抚西部。从这一点讲，左右仆射也应当是曹操的心腹。荣郃其人事迹不详，只知道他是由执金吾调任左仆射。卫臻，是当年帮助曹操起兵的陈留孝廉卫兹之子，单就此层关系而言，曹操心腹任职便可成立。建安时期，除荀彧、程昱、钟繇、荣郃、卫臻外，有过在汉尚书台任职经历的大致有以下诸位：

尚书令

华歆、卫觊。

尚书

荀攸、华歆、卫觊、刘先。

尚书左丞

潘勖。

尚书郎

卫觊、仲长统、路粹、严象。

又有汉侍中者：荀彧、郗虑、钟繇、华歆、耿纪、荀悦、卫觊。

上述人等，除潘勖、严象、荣郃，我们所知甚少以外，荀悦在曹操做镇东将军的时候，就已经是曹操的部下。卫觊、耿纪本就是司空吏出身，而钟繇、华歆、刘先、仲长统、路粹等，虽然开始时都是汉官，但都要经过一次身份的转化，即要进入曹操军府：

钟繇：汉侍中守司隶校尉——丞相前军师。

卫臻：汉尚书右仆射——参丞相军事。

华歆：汉议郎——参司空军事。

刘先：汉尚书——魏尚书令。

仲长统：汉尚书郎——参丞相军事。

路粹：汉尚书郎——司空军谋祭酒。

后来或干脆就留在军府中,像钟繇、卫臻、刘先和路粹等。再次返回汉廷者,则是带着某种使命,像卫觊,在曹丕继承王位后,魏尚书卫觊便以汉侍郎的身份回到汉廷,旋即出任汉侍中、守尚书令,目的是:"劝赞禅代之义,为文诰之诏。"[1] 即"帮助"汉廷端正认识,实现汉魏政权的平稳交接。而政权过渡期间的一切官方文件,都出自卫觊之手。

唯才是举与任人唯亲。说起唯才是举,自然就会想到曹操,是曹操创造了它,诠释了它,深化了它,使之成为建安时代的标志之一。曹操第一次提出它的时候,是在建安十五年,他讲:

求贤令,210年

> 自古受命及中兴之君,曷尝不得贤人君子与之共治天下者乎!及其得贤也,曾不出闾巷,岂幸相遇哉?上之人不求之耳。今天下尚未定,此特求贤之急时也。"孟公绰为赵、魏老则优,不可以为滕、薛大夫。"若必廉士而后可用,则齐桓其何以霸世?今天下得无有被褐怀玉而钓于渭滨者乎?又得无盗嫂受金而未遇无知者乎?二三子其佐我明扬仄陋,唯才是举,吾得而用之。[2]

---

[1]《三国志》卷二一《卫觊传》。
[2]《三国志》卷一《武帝纪》。

> 敕有司取士勿废偏短令，215年2月5日

第二次讲起它的时候，已经到了建安十九年十二月乙未日：

> 夫有行之士，未必能进取；进取之士，未必能有行也。陈平岂笃行、苏秦岂守信邪？而陈平定汉业，苏秦济弱燕。由此言之，士有偏短，庸可废乎？有司明思此义，则士无遗滞、官无废业矣。[1]

> 举贤勿拘品行令，217年9月19日—10月17日

曹操似乎仍觉得意犹未尽，两年多以后，在建安二十二年八月又一次旧话重提：

> 昔伊挚、傅说出于贱人，管仲，桓公贼也，皆用之以兴。萧何、曹参，县吏也，韩信、陈平负污辱之名，有见笑之耻，卒能成就王业，声著千载。吴起贪将，杀妻自信，散金求官，母死不归，然在魏，秦人不敢东向，在楚则三晋不敢南谋。今天下得无有至德之人放在民间，及果勇不顾，临敌力战；若文俗之吏，高才异质，或堪为将守；负污辱之名，见笑之行，或不仁不孝而有治国用兵之术。其各举所知，勿有所遗。[2]

---

[1]《三国志》卷一《武帝纪》。
[2]《三国志》卷一《武帝纪》注引《魏书》。

三令在用典上没有走冷僻的道路，姜太公、陈平、苏秦、萧何、曹参、韩信、吴起等人的事迹，大家都耳熟能详。把他们请出来，无非就是在说明曹操对"才"的理解。通常以为曹操发出上面三令，是他求贤若渴的表示，或认为这是对东汉选官思想的一次大胆的革新，即以才能代替了德行。甚或有研究者认为孟德三令是区分敌友的标准，还有研究者沿着这一思路进行下去，发现了更大隐秘，说三令实际上是曹操建国代汉的政治方略。凡此诸说，见仁见智，都可以作为理解三令的参考。

如果单纯从选官角度来看，唯才是举就未必是曹操要坚持的思路，用任人唯亲来概括，反倒更贴切些。这里说的"亲"，有多重意思，一指乡亲，一指兖州旧部，一指建安军府吏。

乡亲，好理解，就是谯沛子弟兵。这批人是最初追随曹操左右的基干力量。曹操初起之时，的确没有袁绍那样气派，天下的英雄豪杰也不把曹操放在眼里，这是实情。而谯沛子弟兵对曹操却是有情有义，他们忠心不二，在战场上冒死拼杀，才使得曹操无数次脱离险境，跌跌撞撞地发展壮大起来。等到"脱贫致富"后，曹操再来审视自己的亲人，这里面有几人能帮助他治国安邦？很少。在技术性很强的政界，这些人几乎找不到自己的位置。即使是在历练已久的军界，也不是个个能够让曹操放下心来。像夏侯渊，曹操的妹夫，曹操把他叫作"白地将军"[1]，有勇无谋，不是能带兵打仗的人。但曹操能让他们卸甲归田吗？不能。即便他们没有将帅之才，曹操还是要重用他们，因为他们忠诚，有此一点就足够了。于是，在建安时期曹氏政权格局中，有一个鲜明的特色，那就是在被曹操视为生命支柱的军队中，谯沛人永远都处于主导地位，牢牢控制着军队。并且，曹操为了弥补像夏侯渊这样的亲族老将的不足，还着意培养亲族新生代的年轻将领，像曹休、曹真、夏侯尚等。

兖州旧部，指的是经历了兖州事变而没有变节的那批人，人数不会很多。他们有了与曹操同甘苦共患难的这一段不平常的经历，就足以让曹操感到欣慰，也值得曹操信赖。曹操曾动情地将他们称作自己的"披荆棘吏"。这批"披荆棘吏"大都有着地方行政的经验，建安初期，他们在构建军府、安抚地方上发挥着核心作用，像毛玠、程昱、王必和满宠等。他们在军府和地方盘踞高位，引发新人的不满，导致了建安时期关于选官的第一次讨论，曹操为维护旧部的权益，于建安八年专门发令：

203 年

> 议者或以军吏虽有功能，德行不足堪任郡国之选，所谓"可与适道，未可与权"。管仲曰："使贤者

---

[1]（宋）李昉等撰《太平御览》卷三三七《兵部》六八《鹿角》引《魏武军策令》。

食于能则上尊，斗士食于功则卒轻于死，二者设于国则天下治。"未闻无能之人、不斗之士，并受禄赏，而可以立功兴国者也。故明君不官无功之臣，不赏不战之士；治平尚德行，有事赏功能。论者之言，一似管窥虎欤？[1]

这就等于明确告诉了新人，要做官可以，但必须有实实在在的功绩。此令也奠定了日后选才三令的基调。有人向曹操说兖州旧部的坏话，譬如程昱的性格暴躁，得罪了不少人，便有人编造程昱谋反的谣言，曹操听到后，却对程昱"赐待益厚"[2]。

建安军府吏，相比乡亲和旧部而言，算是曹氏政权中的新人了。他们大都有着名士的身份，标榜德行也应该是他们的行为准则。虽然曹操也曾经为了成为名士，专程跑到"月旦评"主人许劭那里，求得一个评语[3]，但经历了兖州事变，曹操想必已经对名士心有余悸了。只是杀了一个说空话的名士边让，就让自己几无安身之处，这名士是用还是不用？进入建安，曹操恐怕还是举棋不定，他宁愿相信叛徒，也不想使用新人。在建安四年，曹操兵进河

---

[1]《三国志》卷一《武帝纪》注引《魏书》。
[2]《三国志》卷一四《程昱传》。
[3]《三国志》卷一《武帝纪》注引孙盛《异同杂语》："子将（许劭字子将）曰：'子，治世之能臣，乱世之奸雄。'"

内，抓住当年兖州事变中自己认为最不可能背叛却背叛了自己的老部下魏种，曹操也曾经信誓旦旦地要严惩他，但等见到魏种的时候，还是说了句："唯其才也！"[1]便解开绑绳，委以重任。但，形势的发展，逼迫曹操做出转变。统治区域扩大，仅仅靠为数不多的兖州旧部，已经捉襟见肘。并且，曹操行"奉天子"之举，名士们如果都奔着朝廷去了，到那时，曹操还真会空忙活了一番，反而是自己一手造就了一个庞大的对立集团，听任他们高举着道义对自己进行无休止的口诛笔伐。曹操必须阻断人才向汉廷的分流。曹操的做法很简单，即充分运用自己的职权，扩大军府吏的规模，使新人与自己建立起主从依附的关系，再使之以曹操故吏的身份外任地方，在他们取得了实际的政绩的时候，就是重返军府之时。这种不断的"轮训"，造就了新人向曹操心腹的转化，新人尚"德行"的色彩日渐消褪，事功派官吏的群体不断壮大。汉廷已无足挂齿，军府才是名士的归宿。像日后掌握曹魏枢要重权的孙资，当初他通过人才选举的正途——举计吏，来至许都，受到荀彧的接见，荀彧认为他是人才，要留他在尚书台任职，孙资怎么也不答应，推托家里有急事，回归乡里。为什么？到汉廷做官，没有前途。

从百官"备员"到"发配"邺城。在许都，汉廷百官大都"备员"，撑个门面而已。即便这样，曹操也不放

---

[1]《三国志》卷一《武帝纪》。

心，便在建安八年，设司直，进驻许都，专门监视百官。朝官在国家政治上基本成了"哑巴"。间或有人要站出来抒发一下胸臆，也会被认为是不识时务，像那位踌躇满志的孔融大人，孔子的二十世孙，对曹操最初的作为还是充满了敬意的，他曾经写过《六言诗》，诗中对曹操竭尽赞美："郭李分争为非，迁都长安思归，瞻望关东可哀，梦想曹公归来。"又有："从洛到许巍巍，曹公辅国无私，减去厨膳甘肥，群僚率从祁祁，虽得俸禄常饥，念我苦寒心悲。"正因为此，他愿意贡献自己的智力，来纠正他所认为不该出现的政策失误，可是话说得多了，影响到曹操的威信，却浑然不知。加之，他和天子走得很近，这是犯曹操忌讳的事情。凡是非曹操嫡系或未经曹操许可，与天子接触，陈言时政者，格杀勿论，"议郎赵彦尝为帝陈言时策，曹操恶而杀之。其余内外，多见诛戮"[1]。孔融的朋友，太医令脂习让他收敛收敛，他又不听，结果把性命搭上了不算，还背上了"违天反道，败伦乱理"[2]的罪名。

即便如此，还是出事了。建安二十三年正月甲子，在许都发生了武装暴乱，此事件详见后述。曹操大为震怒，随即下令许都百官统统到邺城接受审查。而审查的方式也很特别，曹操给汉官出了一个题目：暴乱发生的时候，

218年2月18日

---

[1]《后汉书》卷一〇下《皇后纪》下。
[2]《三国志》卷一二《崔琰传》注引《魏氏春秋》。

"救火者左，不救火者右"[1]。按照正常的逻辑：救火应该是效忠曹操的表现。于是，大多数人站到了左边。谁知道，曹操的逻辑却是反其道而行之，救火的人是叛乱者的帮凶，不救火者无罪。结果，站错了方向的汉官难免一死。虽然这则故事，多少有些虚构的成分在里面，但是，来到邺城的汉官，再无回到许都汉廷的可能了，他们要处在曹操的直接监管之下，日后恐怕只有来一次身份的转化，才能延续各自的生命吧！

汉朝廷被曹操一步步掏空，有朝无人。邺城的魏王国政府已经成为事实上的新朝廷。只待汉天子退位，曹家人便可宣布新朝建立。

---

[1]《三国志》卷一《武帝纪》注引《山阳公载记》。

九

反扑

衣带诏的有无：天子的威力

曹操的军府逐渐长大，成长为事实上的新朝廷，并且还有了自己的名号——魏。汉帝国的朝廷也就形同虚设了，政权的转移也就隔着一张窗户纸，究竟由谁来戳破它，似乎并不是一个问题。但是，曹操始终在"奉天子"，直至建安二十五年正月病死雒阳的时候，也没有迈出那实质性的一步。然而久拖不决，必生变故。

220年

曹统区以外的实力派们会借题发挥。前面提到在献帝东归时，那位前来援建雒阳的张杨就曾经说："天子当与天下共之。"[1]这是有别于"奉天子"以自近的另一种态度。天子可不是任人摆布的玩偶，亲近他，尊崇他，一不留神就会被他所制。袁绍就是因为有这样的顾虑，而没有做出"挟天子"的举动。天子作为天下共主，大家反倒是各得其所。在外人的眼里，曹操虽然把天子接了过来，但他并不是什么忠臣。刘备在隆中与诸葛亮畅谈天下大势时，首先就给曹操的角色定了性，他是这么说的："汉室倾颓，奸臣窃命，主上蒙尘。"[2]曹操是奸臣。孙权的前部

---

[1]《三国志》卷八《张杨传》。
[2]《三国志》卷三五《诸葛亮传》。

都督周瑜亦说："操虽托名汉相，其实汉贼也。"[1]曹操是汉贼。既然是奸臣，是汉贼，大家岂不是都可以得而诛之！

而随时可以面君的曹操，也体会到了天子的威严。一日，曹操上殿，天子说："君若能相辅，则厚；不尔，幸垂恩相舍。"[2]曹操听后，大惊失色，"俯仰求出"，等到出得殿来，已经是汗流浃背。曹操之所以这么狼狈，是因为按照汉家制度："三公领兵朝见，令虎贲执刃挟之。"[3]曹操出了那么多的汗，就是惧怕虎贲武士一失手，把他斩于殿上。而这许都宫里宫外，殿上殿下的皇家卫士，均是曹操的"党旧姻亲"，是曹家的人，保护曹操还唯恐不及，怎么会失手？曹操的汗出，是他没有想到玩偶也会发怒，玩偶也会有自己的意志。和天子的正面交锋，曹操败了。他从此不再和天子照面了，他要离开许都，去北方营建自己的邺城。而离许去邺，还有一层隐秘，谜底是什么？在后面谈到黄巾对曹操的影响一节时，会揭晓答案。

献帝到许的那一年，年方十六。但这位东汉帝国的末代天子，却早已表现出了早慧的一面。当年在北芒面对董卓，临危不乱，对答如流，在董卓眼中，陈留王小小年纪，就很不一般了；在长安，兴平元年关中大旱，献帝命

194年

---

[1]《三国志》卷五四《周瑜传》。
[2]《后汉书》卷一〇下《皇后纪》下。
[3]《后汉书》卷一〇下《皇后纪》下。

人施粥赈济灾民，却不承想，连续几天，仍旧有饿死者。献帝怀疑负责赈灾的人做了手脚，遂让大臣当着他的面熬粥，以此来验证实情。结果，作假者受到了处罚。

在摆脱李傕、郭汜的纠缠，渡河来到河东境内的时候，献帝的表现令人费解。那就是在他心目中可以信赖的力量，并非是关东士人，而是吕布，"初，天子在河东，有手笔版书召布来迎"[1]。难道这仅仅是献帝的一种直觉？还是他已经有了什么打算？如果后者能够成立的话，那么，这无疑是少年天子要谋求自强的标志。可是，吕布因为缺兵少粮，没有予以响应，此事也就自此终止。

离开了荆棘丛生的雒阳，告别了颠沛流离的生活，献帝却高兴不起来。面对曹操的军事监管，身边能够说几句贴心话的人，都有被拉出去杀头的危险。能够和他交谈的人，似乎又都像是曹操派来的密探，愁闷啊！一心东归，到头来，挣脱了武人的枷锁，又陷进了曹操的"囚笼"。能有什么办法呢？也许做一个真正的玩偶，把自己的政治愿景归零，既可自己清心，又可让人放心。但是，献帝似乎并不甘心，这便有了"传说"中诛杀曹操的"衣带诏"：

> 先主未出时，献帝舅车骑将军董承辞受帝衣带中

---

[1]《三国志》卷七《吕布传》注引《英雄记》。

密诏，当诛曹公。[1]

这里讲"辞受"，就令这衣带诏蒙上了一份神秘的色彩。刘备没有看到文字，密诏只是董承的一面之词。在建安二十四年，刘备重提这段往事，只言"与车骑将军董承同谋诛操"[2]，没有涉及密诏的事情。《后汉书·献帝纪》则认同密诏的说法。衣带诏究竟存在与否？还要在此次事件的主角董承身上探寻答案：

219年

1.董承与献帝的关系。董承是董后的侄子，献帝自小就由董后抚养，几经磨难之后，形单影只，理所应当把董承视为自己人；董承女又是献帝贵人，作为皇亲，董承有接近献帝的机会。

2.董承与曹操的关系。董承大概是在董卓进京后，投靠了凉州军，被编入董卓女婿牛辅营中。雒阳旧臣策反白波帅杨奉与李傕反目，董承也脱离凉州军，成为护卫天子东归的主要将领之一。在曹操派出曹洪部西进"迎接"天子时，董承不予接纳，并与袁术部联合，据险阻击。后来，董承与白波军不和，在与韩暹的争斗中处于下风，这时才转向曹操。可见，董承与曹操之间，并无亲密关系，起初对于曹操的"奉天子"尚有抵触。

3.董承职官的变化。在建安四年三月至六月间，董承

---

[1]《三国志》卷三二《先主传》。
[2]《三国志》卷三二《先主传》。

由卫将军升任车骑将军。这可不是一次简单的升迁。背后可见天子的作为。这一年，对于曹操来说，形势极其严峻，袁绍已经开始调动兵马，要大举南下，曹、袁之间的战争一触即发。董承的任职应没有征询过曹操的意见，而是天子的直接任命。意图非常明显，趁曹操忙于军事，无暇他顾之时，任命一个真车骑将军，就等于把象征曹操军权的"行车骑将军"剥夺了。董承成为名义上许都朝中的最高军事长官。

鉴于上述，密诏之事恐怕不是空穴来风。但是，在曹操严密的军事监管下，真正要把此事付诸实行，谈何容易。要取得成功，最终还将回到武装的道路上。那么，董承是否手中有兵？

董承在护驾东归直至雒阳时，确实掌握着一支部队，只是战斗力不强。至许后，董承兵是否被瓦解，不得而知。即便保留下来，人数也不会很多。参与董承密谋诛曹之事的，除刘备外，还有种辑、王服、吴硕等。

刘备，自从联盟解散后，先是投靠了公孙瓒，对抗袁绍。最初的武装是募兵千余人和从公孙瓒那里得到的"幽州乌桓杂胡骑"。后来去援救徐州牧陶谦，对抗曹操，又从陶谦那里得到四千丹阳兵。在陶谦死后，接管徐州，传闻有人要给他集合步骑十万，不知是否落实。但，刘备遇到了吕布，屡战屡败，溃不成军，连自己的妻子都成了人家的俘虏。直到曹操东征，击杀吕布，刘备也就跟着曹操来到了许都，被官以左将军之职。刘备应该有兵可用。

种辑，前面已经提到过他，在密谋刺杀上算是一个行家里手了。《三国志·先主传》说他时任长水校尉，《后汉书·献帝纪》则说他是越骑校尉。至于何者为真，并不重要。长水、越骑均为汉中央禁军——北军的将领，而建安时，曹操以自己的亲兵宿卫宫省，心腹王必率军承担许都防务，长水校尉、越骑校尉想必只是虚职，已无兵可带。

王服也是一名将军，应无疑问。在董承动员他参与诛曹行动的时候，王服就有一份担忧，即兵少，恐怕担当不起这份重任。董承却不以为然，认为起事的时候，可以控制曹兵。

吴硕，其人不详。

总之，董承等人手中掌握着一部分部队，但还不足以与曹兵抗衡。而要使曹兵倒向董承一方，最后还是要天子出面或是出示密诏，这可能就是董承认为能够控制曹兵的法宝。

但是，机事不密。事实上，从董承被任命为车骑将军那时起，就引起曹操的警觉了。在布置北方军务的同时，曹操便着手应对这场尚在筹划中的许都政变。

1.消除隐患。曹操命刘备督朱灵、路招二部前往阻截欲借路北上与袁绍会合的袁术。袁术那时已是众叛亲离，山穷水尽。曹操何必劳师动众？这要看劳谁家之师，动何方之众。刘备，虽然曹操以英雄许之，但终不会为曹操所用。郭嘉、程昱早就劝曹操及早除掉刘备，免生后患。这时，却要刘备带兵出征，郭、程二人大呼："放备，变作矣！"史书亦称曹操悔之不及[1]。但，这恐怕并非实情。有时候放虎归山未必不是件好事，程、郭其实不懂曹操的心。

刘备有雄才，手下有万人敌的张飞、关羽，也就仅此而已了，单打独斗可以，整体实力却无称道之处。派他出去，和袁术的残兵剩勇打一仗，把刘备的实力再消耗些，看他今后还能有什么作为。并且，配属刘备的朱、路二部：朱灵是袁绍旧部，当初袁、曹关系融洽时，袁绍曾派多支队伍支援曹操攻打陶谦，朱灵部是其中之一。后来，朱灵认为曹操是明主，自愿留下效力。但是袁、曹战争爆发在即，把这支袁绍旧部留在身边，谁知道什么时候，他们又会思念起旧主的恩德呢？况且，此番作战的对象是袁绍的兄弟，不妨借此验证一下朱灵所部的忠诚度。一箭双雕。路招，出处不清，只知道他经常与朱灵协同作战。可能也不是曹操的嫡系。

2.曹军整编。曹操陈留起兵到建安初年，曹军的组成日渐复杂，有家兵，有募兵，有降兵，还有像朱灵部这样的"自愿兵"。如果仅是进行运动作战，全军听命于曹操，还易于管理。但是，实现"奉天子"后，军队管理就面临着两方面的挑战：一是，如何处理征战与驻屯的关系？二是，如何避免汉化？

前者，曹操大概是以区分中、外军的做法来加以解

---

[1]《三国志》卷一四《郭嘉传》注引《傅子》。

决。外军驻屯地方，负责区域防御作战；中军由曹操直接指挥，跟随曹操征战四方，承担中央警备任务。只不过，这种区分，要随着曹操统治区的扩大，逐步展开。

后者，是曹操在建安四年要重点解决的问题。前面我们已经讲过，在建安元年，曹操极力维护自己的军权，在任大将军遭受挫折后，最终做到了以司空领兵。但他却忽略了身为汉官，自己掌握的军队，在名义上是汉军。天子想必就是看到了这一点，才以董承为车骑将军，作为朝中最高军事长官统领曹操的部队，名正言顺。曹操必须堵住这一漏洞，要让全军明确主从向背。而且，大敌当前，做一次军队的整编，合情合理。于是，他设置了中领军将军一职，这是曹操的自主行为，中领军将军直属曹操。此前，曹操的中军规模不是很大，可能只是一个营级的编制，由中军校尉来统领。此次，校尉升格为将军，将原中军校尉营以外的各营扩编进中军，势在必然。军队整编的结果是，中军主将成为曹操的"私官"，中军成为曹兵。非曹操之命，不得擅动。这就断了董承夺兵的念想。

3.以备不测。建安四年年底，汉尚书台增设左右仆射，由荣郃和卫臻分掌其职。前已说明，此次增设，是曹操所为。在曹操的历史记忆中，东汉中后期的宫廷政变中，尚书台是政变一方要夺取的重点，在荀彧和钟繇要承担军务的时候，尚书台必须得到加强，防患于未然。

董承想到的，曹操都想到了。等待董承的，不是他所想象的诛曹，而是曹操的杀戮。衣带诏也就随董承而去了。

如果说，董承的密谋，是曹操意料之中的事情，曹操可以掌控局势，有些事情的发生，却是曹操做梦都想不到的，而那里面依然闪现着汉天子的身影，最让人不可理解的就是：天子的"魅力"竟然迷倒了曹操最为信赖，又在曹操政权中举足轻重的大人物——荀彧。

效忠与背叛：荀彧之死

荀彧是曹操陈留起兵之后，进入曹营中的第一位真正意义上的名士。在此之前，荀彧因避乱，率宗族北上，来到冀州。他是冲着自己的老乡韩馥而来，为的就是有一个依靠。却不想韩馥把冀州"让给"了袁绍，客死他乡。虽然袁绍待荀彧以上宾之礼，但荀彧却预测袁绍成不了大事，而认为新掌东郡的曹操有雄才大略，便舍绍从操。前面说过，曹操在起兵之初，势单力孤，基本上是要"仰人资给"度日，时人选择曹操确实是需要有几分勇气的。不过，但凡认识曹操的人，都认为他很了不起，袁绍的密友何颙就曾断言："汉家将亡，安天下者必此人也。"[1]李膺的儿子李瓒在临死之前，告诉他的孩子们："时将乱矣，天下英雄无过曹操。张孟卓与吾善，袁本初汝外亲，虽尔勿依，必归曹氏。"[2]而曹操"英雄"的称号，还是那位赫

---

[1]《后汉书》卷六七《党锢列传》之《何颙传》。
[2]《后汉书》卷六七《党锢列传》之《李膺传》。

赫有名的"月旦评"主人许劭授予的,他给曹操下的评语是:"治世之能臣,乱世之奸雄。"荀彧是一个有智谋的人,生逢乱世,选择曹操自然不足为奇。况且,当时正值曹操与袁绍全面合作的"蜜月期",袁绍对荀彧的改投门庭不会深究。

此外,荀彧舍绍从曹似乎还有一个考虑,那就是荀彧与曹操都与宦官"有染"。曹操的父亲是桓帝朝大宦官曹腾的养子,曹操是"赘阉遗丑"。荀彧则娶了宦官唐衡的女儿。虽然颍川荀氏家族驰名士林,但是袁绍那里名士实在太多,又相互倾轧,不知道哪一天就会把荀彧的家事拿出来数落一番,说些刻薄的话,让荀彧颜面尽失,倒不如跟着曹操,惺惺惜惺惺。

对于荀彧的到来,曹操喜出望外,把他视作自己的"子房"。而荀彧也确实没有辜负曹操对自己的期望。建安八年,曹操在请封荀彧为侯的上表中就讲:"天下之定,彧之功也。"在荀彧以自己没有野战之功请辞,并以汉尚书令的权力"扣留"曹操的上表不予上传时,曹操进而对荀彧的功劳做了详尽的阐释:"与君共事已来,立朝廷,君之相为匡弼,君之相为举人,君之相为建计,君之相为密谋,亦以多矣。"[1]而荀彧的举荐人才,献计献策,在后世人眼中并不是为了汉室的复兴,而是为了曹操能够得天下,袁宏在《后汉纪》中就说:"刘氏之失天下,荀生为

---

[1]《三国志》卷一〇《荀彧传》注引《彧别传》。

之也。"

就是这么一个为曹操事业竭尽全力,又为曹操所倚重的智囊,居然在建安十七年,在迈入知天命的那一年,谜一般地死在南方前线。史书中的记载有三种说法:

1.《三国志》卷一〇《荀彧传》:"太祖军至濡须,彧疾留寿春,以忧薨,时年五十。谥曰敬侯。"

2.同上注引《魏氏春秋》:"太祖馈彧食,发之乃空器也,于是饮药而卒。"

3.同上注引《献帝春秋》:"彧卒于寿春,寿春亡者告孙权,言太祖使彧杀伏后,彧不从,故自杀。"

袁宏《后汉纪》讲"彧以忧死"。范晔《后汉书》和司马光撰《资治通鉴》都采用了《魏氏春秋》的说法。大家基本认定荀彧的死因与曹操建国有关。

建安十七年,董昭就曹操进爵魏公、九锡备物进行了一次秘密的"民意"调查。荀彧也是被调查的对象之一。但是,荀彧却认为这万万不可,说:"曹公本兴义兵,以匡振汉朝,虽勋庸崇著,犹秉忠贞之节。君子爱人以德,不宜如此。"[1]曹操知道后,便动了杀机。

而《献帝春秋》所讲述的"寿春亡者"的话,又把曹操与荀彧的不和提前了。

建安五年曹操杀董承等人后,献帝伏皇后给她的父亲　200年

---

[1]《后汉书》卷七〇《荀彧传》。

伏完写了封信,信中说:"司空杀董承,帝方为报怨。"[1]伏完把皇后的信给荀彧看了,荀彧没有把此事告诉曹操。但是,信最后还是落到了曹操手中。荀彧害怕了,便找借口去了趟邺城,从这一点看,曹操知道荀彧隐情不报,至少应该是在建安九年以后。荀彧见到曹操,建议曹操把女儿嫁给天子。曹操说,天子已经有了伏后,这件事不便操作。况且,自己已经位居高位,不需要依靠女儿来得到富贵。荀彧就着伏后的话题,扯到了那封信,认为可以废后。于是,曹、荀二人就来了一次戏剧性的表演:

曹操说:"卿昔何不道之?"

荀彧装糊涂,说:"昔已尝为公言也。"

曹操说:"此岂小事而吾忘之!"

荀彧马上又换了个说法:"诚未语公邪!昔公在官渡与袁绍相持,恐增内顾之念,故不言尔。"

曹操紧逼了一句:"官渡事后何以不言?"

荀彧无言以对。

曹操便恨上了这个不讲实话的荀彧。[2]

裴松之则认为《献帝春秋》的说法是"鄙俚"之辞,不足采信。当然,这里有值得怀疑的地方,伏完何以会把皇后的信给荀彧看?伏氏久为贵戚之家,在政治上并不低能,伏完就是看到了曹操大权独揽,便把印绶交了出去,

---

[1]《三国志》卷一〇《荀彧传》注引《献帝春秋》。
[2] 以上表演均见《三国志》卷一〇《荀彧传》注引《献帝春秋》。

以示退出政界，不再过问世事。难道他会不知道荀彧是曹操最为亲密的伙伴，是曹操安置在朝廷中的耳目？如果此事确系发生过，那么就只有一种可能，那就是荀彧会"背叛"曹操，这样才能被伏完引为同类。

可是，荀彧"背叛"曹操的可能性微乎其微，这不仅在于上述荀彧有选择地依附曹操，对于曹操事业尽心竭力，还在于：

1.荀氏家族与曹家已是水乳交融。荀彧本人在曹氏政权中的地位，有目共睹，无须赘言。荀彧的兄弟子侄大都在曹操手下供职，有的已经成为曹操的左膀右臂，像荀彧的四兄荀谌，以监军校尉，都督河北事；荀彧的侄子荀攸，是曹操最为器重的谋主，二荀在曹操心目中的地位，几乎无人可以取代，曹操曾明言："忠正密谋，抚宁内外，文若（荀彧字文若）是也。公达（荀攸字公达）其次也。"[1]在曹丕为魏太子的时候，曹操对他说："荀公达，人之师表也，汝当尽礼敬之。"[2]此外，荀家和曹家还缔结了秦晋之好，曹操的女儿嫁给了荀彧的长子荀恽。荀、曹有如此关系，荀彧即便想"背叛"，也要仔细掂量掂量：他个人的行为，会给家族带来怎样的灾难？建安十三年，曹操把孔融收监入狱，孔融希望一人做事一人担，不要牵连自己的家人。他的儿子却对他说："大人岂见覆巢之下，复有

---

[1]《三国志》卷一〇《荀攸传》。
[2]《三国志》卷一〇《荀攸传》。

完卵乎？"[1]前事不远，后事之师。荀彧不敢"背叛"。

2.荀彧是"奉天子"的忠实拥护者。前面讲过在建安元年，曹操手下对于"奉天子"表示不理解的时候，是荀彧的一番话，坚定了曹操的决心。荀彧在当时的表述中，引用了历史上两个"奉天子"的著名人物——晋文公和汉高祖来比附曹操，此二人并非人臣。建安十七年董昭向荀彧征询曹操进爵魏公的建议时，也提到了几个历史人物：周旦、吕望和田单。这三人都是功臣，而且还是忠臣。两相比较，认为曹操进爵为公不妥的荀彧，在建安元年就在鼓动曹操得天下，做天子；热心于曹操进爵为公的董昭，却是希望曹操得到一个藩国，做他的汉室忠臣。这样一来，荀彧在回应董昭征询时所讲的"曹公本兴义兵，以匡振汉朝"，不正符合董昭的思路吗？董昭的建议可以得到曹操的赏识，荀彧又何错之有？并且，典章制度和经学造诣，恐怕不是董昭的优长所在。

董昭所策划的曹操进爵为公一事，具体内容当体现在潘勖所写的册文中。但是，在那里，公爵并没有得到一个合理的解释。我们知道，曹操得到的第一个爵位是费亭侯，是袭封，那是杨奉对曹操"真心"联合给予的回报。后来曹操被封为武平侯，这是个县侯，封国在豫州的陈国，是曹操由兖州进入豫州的第一站。再后来，食邑又增加了三个县，加上武平，共四县，户三万。多是多了些，

---

[1]《世说新语·言语》。

但没有什么违背汉制的地方。然而，此次进爵国公，却不一样了。在东汉的爵制中，虽然曾经一度设有公爵，可那也是王室内部的授爵，并没有扩展到异姓，而且昙花一现。异姓得到公爵，只是在王莽专权的时候，王莽被赐号安汉公。至于这个安汉公算不算一个爵位，还有疑问。王莽自己曾经在上书中说："臣莽伏自惟，爵为新都侯，号为安汉公。"[1]那么，这个安汉公只是一个荣誉称号了。可是，在王莽嫁女的过程中，有人认为天子要娶王莽女，但是"安汉公国未称古制"。有司便奏请给王莽增封土地，使安汉公国满百里。这样看来，安汉公又是爵位了。从奏请的内容看，有司显然是依照周制来行事的，于汉制无依。直到王莽代汉立新后，在其新政中才使得古制代替了汉制，"州从《禹贡》为九，爵从周氏有五"[2]，九州的恢复与封建五等似乎是孪生的兄弟，二者互不分离。

在曹操进爵国公的设计上，董昭难道是在刻意模仿王莽新政？早在曹操占领冀州后，就有人劝他"复古置九州"，到曹操进爵魏公前夕，九州便恢复了；至于封建五等，即周制中的公侯伯子男五等爵，董昭也想到了，并且建议曹操恢复它。从曹操为魏公这一点看，五等爵是恢复了。但是，要恢复古制，那就势必要废除东汉的王、侯二等爵，然而在建安十七年，献帝封四子为王，在曹操为魏

---

[1]《汉书》卷九九上《王莽传》上。
[2]《汉书》卷九九中《王莽传》中。

公后，刘氏诸王依旧存在，王、公二爵并立，五等爵又没有恢复。魏公国还要依照"汉初诸侯王之制"来建设。并且，为避免王、公二爵并立造成的高低分歧，建安十九年天子再次做出制度上的解释："魏公位在诸侯王上。"[1]可见，前一年关于公爵的设立，设计者并没有考虑成熟便急于出台了。还让天下人都知道曹操要做王莽的学生，要代汉自立。

而同样是在恢复古九州问题上，荀彧却表现得很慎重，认为不应操之过急，随即为曹操拟定了下一步的战略规划："引兵先定河北，然后修复旧京，南临荆州，责贡之不入，则天下咸知公意。人人自安。天下大定，乃议古制，此社稷长久之利也。"[2]荀彧想必已经意识到在天下形势还不明朗的时候，做出制度上的更化，意味着什么。那时，曹操也没有执意而为，而是把九州的事暂且放在了一边，依照荀彧的规划，为平定天下，开始了他先北后南的征战。

当董昭提出进爵的事情时，"天下大定"了吗？荀彧势必要再次思考一下。自建安十三年曹操折戟赤壁，曹、孙、刘三家对峙的局面很难在短时间内被打破，既然外部存在着难以控制的异己势力，就不能说天下大定，进爵的事情理应从长计议。

---

[1]《三国志》卷一《武帝纪》。
[2]《三国志》卷一〇《荀彧传》。

荀彧不敢，也不会"背叛"曹操。而对汉天子生出同情之心，却有可能。作为汉侍中、守尚书令，他和天子接触的机会多。《后汉书》卷六二《荀悦传》中还记载了这么一件事："献帝颇好文学，悦与彧及少府孔融侍讲禁中，旦夕谈论。"时间久了，荀彧会发现身边的献帝是一个聪慧的人，但却生不逢时，未免让人怜惜。而在荀彧死后，献帝"哀惜之，祖日为之废燕乐"[1]。可见，献帝与荀彧的君臣感情非同一般。但是，同情天子，并不等于荀彧会因此而杀身取义，会为这名存实亡的汉家"殉葬"。审时度势，是一个智谋之士最起码的素质，司马光就说："然则荀彧舍魏武将谁事哉！"[2]实为确论。更何况，颍川之士的"冷静"人所共知。孔融曾经和陈群就汝南、颍川士人的差别进行过辩论，孔融认为颍川士不如汝南士有八点，其中在大是大非面前，"颍川士虽疾恶，未有能破家为国者也"，"颍川士虽慕忠说，未有能投命直言者也"[3]。作为颍川士的代表，荀彧也会止步于对天子的同情。

但是，建安十七年的曹操，已非起兵之初的曹操，也不是当年在恢复九州问题上能够听进去建议的曹操。快

---

[1]《后汉书》卷七〇《荀彧传》。
[2]《资治通鉴》卷六六《汉纪》五十八。
[3]《艺文类聚》卷二十二《人部》六之《品藻》引（后汉）孔融《汝颍优劣论》。

六十岁的人了,"对酒当歌,人生几何!譬如朝露,去日苦多"[1],接连用兵,却始终只能望江兴叹。再不建国,让属下有所归依,到头来,恐怕真是要替他人做嫁衣裳了。这次,曹操要对荀彧的慎重说"不"。但是,荀彧位居台阁,曹操要做魏公,需走一个堂而皇之的程序,荀彧的工作做不通,册文就下达不了。索性把荀彧调出朝廷,免去了他守尚书令的职务,让听话的华歆接管汉尚书台,为进爵建国的事情做前期的准备。劳军前线的荀彧又可以和过去那样,跟随曹操左右了。但要除掉自己的这位伙伴,曹操未必敢下手。为什么?

杀荀彧,那是牵一发而动全身的事情。环视曹营上下、地方大员,有几人不是经过荀彧的推荐才得以有今天之势?史称:"海内英俊咸宗焉。"[2]而且,荀氏与当时权要多为姻亲之家,像荀氏与钟氏联姻,荀彧的女儿嫁给陈群为妻等。杀荀彧,势必会引起强烈的政治地震,这对于即将到来的进爵国公盛典有害无益。而且,杀荀彧也无必要。不过,必要的警告还是要有的,荀彧应该做一个"望风承旨"的顺臣。

也许曹操的警告比较别致,譬如送给荀彧一个空食盒。在打哑谜上,曹操是专家。《世说新语·捷悟》中记载了两则故事,是讲曹操和杨修之间的智力游戏。一则故

---

[1] 曹操《短歌行》。
[2]《三国志》卷一〇《荀彧传》注引《彧别传》。

事说，营建丞相府府门的时候，曹操去视察，让人在门上写了个"活"字，就离开了。大家不解其意，丞相主簿杨修却让人重建府门，是因为门中活，是一个"阔"字，曹操嫌府门太大，那还不重建；一则故事说，有人送给曹操一杯奶酪，曹操尝了一点，就在盖上写了个"合"字，大家不解其意，杨修却拿过去吃起来，说："曹公让我们大家一人一口，你们还犹豫什么呢？"

荀彧的智力水准不比杨修低，政治阅历更高过杨修无疑。曹操打个哑谜，荀彧会有更深一层的认识。加之，荀彧已经患病在身，病人此时需要的是安慰，而不是绞尽脑汁地去解开什么谜底。荀彧临终前很从容，焚毁了自己的所有文字，为什么这么做？曹操有一个嗜好，就是愿意看别人的隐私。荀彧的文字变成了灰烬，亲朋也就安全了。看来，结束生命是荀彧慎重考虑后的选择。也许这是在当时形势下，曹操需要看到的一个结果。而他死后，谥曰敬侯，虽是美谥，却非曹操建国后的追谥，这似乎又是一个没有附着政治偏向性的谥号。勤于政务，的确是荀彧生前的写照，于曹、于汉都是无可挑剔的。

曹植曾经在荀彧死后，写过一篇《光禄大夫荀侯诔》，就传世的几句诔文而言，只是在泛泛描述朝野内外的悲痛之情，没有涉及什么隐情；潘勖所撰写的碑文中，也只有对荀彧人格品性的赞美。或许在当时人眼中，荀彧的死只是一个意外，但却是善终。记录了荀彧之死的史书，编撰者都是晋人，晋夺了魏的天下，为什么要这样做？除了上天符命之外，论证一下魏从一开始就有内部的异己势力存在，像荀彧这样的重量级人物，不是很有说服力吗？当然，这仅是我们的一种揣测。而上引《魏氏春秋》中却有这么一句话："咸熙二年，赠彧太尉。"让荀彧死后，悬疑再起。

265年　　咸熙二年是一个特殊的年份，魏晋禅代即发生在这一年年底。荀彧却在这一年有了魏臣的名分，匪夷所思。曹
243年　魏在正始四年选择了前朝二十位功臣陪祀曹操庙庭，正始
244年　五年又增列荀攸陪祀。荀彧则没有享受到此份殊荣。裴松之认为："魏氏配飨不及荀彧，盖以其末年异议，又位非魏臣故也。"[1]在正始年间，曹氏与司马氏的争斗渐趋白热化，这时尊崇建安老臣，让司马懿回忆一下过去的甘苦，给司马懿树立起忠义的榜样，免生异心。但就荀攸增补一事看，当时在选择陪祀旧臣的时候，应存在争执。荀彧死后，荀氏家族并没有受到冲击，人丁兴旺，是曹魏的名门望族。家族中各人的政治倾向却有不同，像荀彧的六子荀顗是在司马懿的呵护下进入政界的，是铁杆的司马氏一党。而荀顗的从子荀勖却是曹爽的故吏，对于曹氏是忠心耿耿。故而，是否选入荀氏家族成员陪祀曹操，确有不同寻常的意义。

251年　　曹魏嘉平三年六月，司马懿死后，也进了太祖庙庭，

---

[1]《三国志》卷四《三少帝纪》。

成了陪祀一员，有司为了抬高司马懿的地位，奏请陪祀者以官职大小排序，司马懿是太傅，"功高爵尊，最在上"[1]。看来司马师还是要把自己的父亲打扮成曹魏的忠臣，在日后的禅代路上，先立起一个功德牌坊。荀彧在咸熙二年成为魏臣，不知是否为荀𫖮的授意？还是司马炎有意所为？新朝之君是魏忠臣之后，新朝之臣也应如是才是。

暴动：低龄化的政变者

荀彧死后，曹操做了魏公、魏王，但不等于事事都会遂他心愿。尤其是在他做了魏王之后，接二连三地发生了旨在推翻曹魏政权的武装暴动。

严才造反。时间应在建安二十一年五月曹操为魏王后，暴动地点邺城。暴动发生时，曹操在铜雀台上。严才，不知何许人也。《三国志·王修传》记其事："严才反，与其徒属数十人攻掖门。"唐人郝处俊只做了一点补充，严才攻打的掖门是左掖门[2]。这种极小规模的暴动，对于曹操谈不上威胁，只是证明了在曹操统治核心区存在着反曹势力而已。

---

[1]《三国志》卷四《三少帝纪》。
[2]《旧唐书》卷八四《郝处俊传》及《新唐书》卷一一五《郝处俊传》。

许都暴动。建安二十三年春正月,许都发生武装暴动。此次暴动的策划者是一个叫金祎的人,他是西汉名臣金日䃅之后,认为汉祚将移,自己应当有所作为。于是,就联络汉侍中守少府耿纪、丞相司直韦晃、汉太医令吉本和吉本两个儿子吉邈、吉穆等人密谋起事。吉邈、吉穆兄弟二人建议:先杀掉驻守许都的王必,然后"挟天子以攻魏"[1],并且有南联关羽的想法。金祎的初衷恐怕是要兴复汉室,但到了吉氏兄弟那里却走了样,视天子为傀儡,在政治行为上还是相因而已,没有什么新花样,无非是在曹操的眼皮底下,又多了几个想做皇帝的人罢了。不过,耿纪和韦晃的加盟,令曹操很寒心。耿纪是将门之后,深得曹操赏识,韦晃能够担任司直这样重要的官职,也必是曹操的心腹无疑。自己赏识的人和心腹都会变心,实在是太可怕了!

暴动发动之时,规模相当大。吉氏兄弟纠集了千余人进攻王必大营。而金祎与王必有交情,早早就在王必营中安插了自己的人。于是,里应外合,把还蒙在鼓里的王必打得晕头转向。王必肩膀中箭,慌不择路,有人说他去金府避难,唤门的时候,金府的家人错把他当成自己人,问了句:"王长史已死乎?卿曹事立矣!"[2]听了这番话,王必哪还敢进金府!还有人说,王必想去金府,

---

[1]《三国志》卷一《武帝纪》注引《三辅决录注》。
[2]《三国志》卷一《武帝纪》注引《三辅决录注》。

但手下人提醒他，在真情没有查明的时候，还是小心谨慎些为好。

王必最终联合颍川典农中郎将严匡平息了暴动。许都遭到了血腥清洗，"衣冠盛门坐（耿）纪罹祸灭者众矣"[1]。汉百官被押解到邺城接受审查。

魏讽之难。建安二十四年在邺城又发生了暴动，组织者是魏相国钟繇的属吏，叫魏讽。此人很有口才，迷倒了很多人。但也有少数人认为，魏讽华而不实，沽名钓誉，必将为乱。果不其然，建安二十四年，魏讽趁着曹操率军西征之际，召集同党，准备起事。事发之前，有人向留守邺城的魏太子曹丕告密，魏讽等人旋即遭到镇压。至于魏讽何以反曹，是否与许都的汉天子有瓜葛，尚无直接材料予以证实[2]。知道的只是部分与魏讽交游的人：张泉（张绣子）、王粲二子、刘伟（刘廙弟）、文钦、宋衷子、任览。除任览不知所终，刘伟、文钦被赦免外，其余众人均坐诛。而这对于曹操来说，却足够了。如以王粲的年龄作参照，王粲卒于建安二十二年，时年四十一岁。那么，与魏讽交游者，包括魏讽本人，他们的年龄大概就在二十岁上下。如果把他们的父兄们看作曹操军府中的第一代人，那么，他们本该成为军府的香火，而不是"掘墓人"。青

---

[1]《后汉书》卷一九《耿秉传》。
[2] 汤用彤讲："魏讽之难，实因清谈家反曹氏而起。"见《王弼之〈周易〉、〈论语〉新义》，收入《魏晋玄学论稿》。

年人,邺城军府权贵的子弟们站到了曹操的对立面,想起来,都会让曹操不寒而栗的。

汉天子、暴动、低龄化的政变者,还有那具倒在曹魏建国道路上的密友尸骸,都在督促曹操尽快迈过那道政权更替的门槛。

十 花落谁家

榜样：自明本志的弦外音

建安十五年，是整个建安时代，曹操最为闲适的一年，是曹操唯一没有率兵打仗的一年。暂时卸下戎装的曹操，可以静下心来想些事情了。年底，曹操撰写完成了那篇著名的剖析自己心路历程的文章，以令的形式晓之天下，就内容而言，一般称作《让县自明本志令》。令文一开始，曹操就沉浸在"甜蜜"的回忆中：

> 孤始举孝廉，年少，自以本非岩穴知名之士，恐为海内人之所见凡愚，欲为一郡守，好作政教，以建立名誉，使世士明知之；故在济南，始除残去秽，平心选举，违迕诸常侍。以为强豪所忿，恐致家祸，故以病还。去官之后，年纪尚少，顾视同岁中，年有五十，未名为老，内自图之，从此却去二十年，待天下清，乃与同岁中始举者等耳。故以四时归乡里，于谯东五十里筑精舍，欲秋夏读书，冬春射猎，求底下之地，欲以泥水自蔽，绝宾客往来之望，然不能得如意。后征为都尉，迁典军校尉，意遂更欲为国家讨贼立功，欲望封侯作征西将军，然后题墓道言"汉故征

西将军曹侯之墓"，此其志也。[1]

如果董卓没有进京，曹操的志向就是"封侯作征西将军"了。然而，后来一系列的变故，却把曹操推到了当朝宰相的位置上，这是曹操想都没有想过的，"身为宰相，人臣之贵已极。意望已过矣"。由此也给他惹来很多的麻烦，很多人非议他，认为他有不臣之心、不逊之志。曹操认为这是对他的误解，所以必须把心里话讲出来。自己强大了，这是事实，没有必要遮遮掩掩的。可是，强大并不等于说自己会有什么非分之想，做出离经叛道的事情来。历史上不就有这样的例子吗？齐桓、晋文兵势广大，不还是要奉事周室吗？况且，自己心目中有榜样，他们是乐毅和蒙恬：

> 昔乐毅走赵，赵王欲与之图燕，乐毅伏而垂泣，对曰："臣事昭王，犹事大王；臣若获戾，放在他国，没世然后已，不忍谋赵之徒隶，况燕后嗣乎！"胡亥之杀蒙恬也，恬曰："自吾先人及至子孙，积信于秦三世矣；今臣将兵三十余万，其势足以背叛，然自知

---

[1] 本文所据《让县自明本志令》均录自《三国志》卷一《武帝纪》注引《魏武故事》。《魏武故事》言令颁布于十二月己亥，查建安十五年十二月辛丑朔，无己亥日。疑十二月或为十一月误。十一月己亥，即211年1月1日。

必死而守义者，不敢辱先人之教以忘先王也。"

榜样的力量是无穷的，乐毅和蒙恬会时时鞭策曹操，让他自省，让他守义。曹操认为这样还不够，他还想到了自己死后，令自己的妻妾出嫁，"传道我心，使他人皆知之"。

虽然曹操自认为已经说出了自己的肺腑之言，动了真感情，但却经不起推敲。你想做乐毅和蒙恬，真的有一天成全了你，派一个骑劫来接管你的兵权，你能把兵权交出来吗？天子真的下了诏书，让你去死，你能像蒙恬那样守义而死吗？

曹操显然也认为自己的话说得有些过头。但是，榜样不可以摧毁，那是给他人看的。兵权不能交出，这是留给自己用的，"诚恐己离兵为人所祸也。既为子孙计，又己败则国家倾危，是以不得慕虚名而处实祸，此所不得为也"。不仅如此，他还要封子为侯，引为外援。至于蒙恬，他可不想再提及了。献帝又不是没有让他去死的念头，为了让他做个汉室的忠臣，再发出一个"衣带诏"，那还真是件棘手的事情。

开始滋生出的"甜蜜"，终将回到对现实的关怀中。"本志"是越说越让人狐疑满腹，还要自己出来圆场。"让县"也未必能够实现，反倒是，转过年来，曹操的五个儿子都被封了侯，比他在令中所说的三子封侯，还多出了不少。"让县自明本志"便成了"让县请封诸子"。

十、花落谁家 / 215

而这诸子封侯，有何依据？不是袭封是可以肯定的。是以功封侯？曹植等人于汉又何功之有？是恩封？曹操在令文中确实是这么讲的："前朝恩封三子为侯。"并且很合制度地提出来要把自己武平侯国的阳夏、柘、苦三县二万户让出来。但是，在实际操作中，被封为县侯的三子，得到的却是平原、范阳、饶阳三县。更重要的是，三子为县侯，是违制的。按照汉家恩封的制度，曹操既为县侯，他的儿子，除嫡长子外，只能得到低于侯的爵位，即关内侯。曹操违制操作，难道只是为了枝繁荫根？此事看来并没有这么简单。

儿子做县侯，成为事实。老子再做县侯，就说不过去了。曾记得董昭建议恢复古制中的五等爵，曹操似乎并没有明确的表态。现在实际问题出现了，汉制无法解决的难题，在古制中却可以迎刃而解。曹子为县侯的一年中，天下舆论并没有对此表示出丝毫的异议。到建安十七年，董昭便开始进行曹操进爵魏公的可行性论证。建安十八年，曹操就成了天子册封的魏公，建立了魏国。

从建安十五年年底开始，两年多的时间里，曹操兜了一个大圈子，就是为了建国。费了如此心机，再得不到理解，有人还希望他慎重行事，就有些不知趣了。以致在接到进爵册文的时候，曹操还有不满意的地方。前面我们讲过进爵事由董昭一手策划，存在着古制与汉制抵触的地方。但，这在曹操眼里，却不是问题。此前封子为侯，就已经预示着古制可以修正汉制的不足。曹操在意的是，是否突出了他的本志。

按照封爵的一般程序讲，接到天子册封的文书后，受爵者要有一个礼节性的推辞。曹操确实也这么做了，但他做的却是两种文章：一种是上表，给天子看的，讲"臣功小德薄，忝宠已过，进爵益土，非臣所宜"[1]云云，是必须要说的客套话；一种是以令的形式，下达给手下将吏的，却是在指出册文的疏漏，令曰：

> 夫受九锡，广开土宇，周公其人也。汉之异姓八王者，与高祖俱起布衣，创定王业，其功至大，吾何可比之？

册文中对曹操的功绩竭尽讴歌，也把古圣先贤拉进来烘托气氛，想到了计功授爵中功劳与爵赏要一致，不能"功高于伊、周，而赏卑于齐、晋"。但是，整篇册文竟然没有涉及汉代的故事，却贸然地把魏国的建制与汉初诸侯王之制拉扯在一起。册文既已发出，不便更改，但细节之处，必须修正。而令是正式的国家文书，可以起到拾遗补缺的作用，令文中就明确了汉初诸侯王是指汉初异姓八王。至于为什么要比附这异姓王，前已言之，令文还要布置一个设问，态度很明确，至于比不比，是要交付公议，

---

[1]《艺文类聚》卷五三《治政部》下之《锡命》引魏武帝《让九锡表》。

把天子的"作为"转化为民心所向。

于是，就出现了由荀攸领衔的曹氏将吏的劝进。在劝进中，曹操的功德已经高于汉初诸侯王，魏国的建立就此得到了汉初故事的支持：

> 逮至汉兴，佐命之臣，张耳、吴芮，其功至薄，亦连城开地，南面称孤。此皆明君达主行之于上，贤臣圣宰受之于下，三代令典，汉帝明制。[1]

曹操可以放心了。再有什么推辞，那就是又回到了礼节性的程序中，不会再有疑问。

等到做了魏王，天子的权力、天子的舆服，自己都拥有了的时候，曹操又想起来要"自明本志"。此时已经是建安二十四年年底。南方战事吃紧，曹操心腹爱将于禁临阵投降，曹军三万精锐成了关羽的俘虏，樊城被围。曹操西征刘备未果，回师至雒阳，见到孙权派来的使者，读了孙权的上书，大为惊奇。

曹操惊奇的不是孙权上书中提到的要派兵攻打关羽，因为这是已经谈好的事情，而是孙权称臣，大概还有天命眷顾曹家之类的话语。曹操把孙权的上书公布于众，想听听大家的看法，并且事先表明了自己的立场：

---

[1]《三国志》卷一《武帝纪》注引《魏书》。

> 是儿欲踞吾著炉火上邪![1]

在曹操眼里,孙权称臣没安什么好心,是一个阴谋。

没承想,大家都认为孙权说得对,曹操应该做天子。只不过,有人认为曹操应该立刻称帝,孙权称臣,就是"天人之应,异气齐声"[2];有人认为要暂缓实行,并且想到了实现新旧政权更替的方式,"宜先灭蜀,蜀亡则吴服,二方既定,然后遵舜、禹之轨"[3]。

曹操却说:

> 若天命在吾,吾为周文王矣。[4]

乐毅和蒙恬已经在曹操的头脑中隐去了身影,曹操有了新榜样,那就是周文王。要学周文王,意味着什么?那就是在他有生之年拒绝称帝。曹操已然把天命当真了。文王不做的事情,武王未必不能做。曹操不做,可以申述本志,他的儿子就不应该有什么思想包袱,尽管放开手脚,去做他应该做的事情。

那么,曹操众多的儿子中,谁将是他心目中的周武

---

[1]《三国志》卷一《武帝纪》注引《魏略》。
[2]《三国志》卷一《武帝纪》注引《魏略》。
[3]《三国志》卷一《武帝纪》注引《曹瞒传》及《世语》。
[4]《三国志》卷一《武帝纪》注引《魏氏春秋》。

王呢？在建安二十四年时，似乎已经没有了悬念，魏王在建安二十二年就立了太子。但是，自从长子曹昂在建安二年死于张绣的叛乱后，曹操用了二十年，才下了决心，选定了自己的接班人。即便如此，曹操临终时，在遗令当中似乎并没有涉及太子继位的事情。而曹操得病为时已久，他可以在遗令中讲到自己的睡眠不佳，可以检讨自己的持法过重，可以安排自己的埋葬之地，还能想到自己婢妾和伎人的安置，想到自己的衣服杂物，却没有把自己苦心经营的政权托付给自己的太子，难道曹操对太子还有什么不放心的地方吗？是不是太子和他想象中的武王还相差太远呢？

197年

候选人：机会均等

再把时间的脚步拉回到建安十五年冬季。那时，邺城建起了一座铜雀台，曹操便带着儿子们登台远眺。也许是北方冬日里的空旷寂寥，激起了曹操的兴致，他叫儿子们每人作赋一首以助兴。曹植援笔立成，赋文可观，曹操为有这么一个才思敏捷的儿子而感到高兴。在长子曹昂死后，谁能得到父亲的赏识，谁就有可能成为曹操的接班人，这对于曹氏诸子来说，是心照不宣的事情。而有迹象表明，曹操早就开始物色人选了。

建安十三年，十三岁的曹冲病卒，曹操悲痛不已。在曹操眼中，小仓舒（曹冲字仓舒）就像一个完人，聪慧，有爱心，人也长得英俊。在曹丕劝慰父亲的时候，曹操就说："此我之不幸，而汝曹之幸也。"[1]其意不言自明，曹操此前有意要把位子传给曹冲。

而建安十五年，从一开始就注定这将是非同寻常的一年。年初曹操颁布了以"唯才是举"为宗旨的《求贤令》，年底又颁布了《让县自明本志令》，曹操要加速建国的意图愈加显现出来。此番在铜雀台上，曹操对曹植另眼看待，作赋似乎像是一次选拔接班人的考试，不能不让人浮想联翩。

曹植在文章上胜出，却不等于他已经成为接班人，至多只能算是一个候选人而已。能同他竞争的，还有他的两个同胞兄长：长兄曹丕，次兄曹彰。

曹彰长着黄胡须，被曹操称作"黄须儿"。他是一个愿意披坚执锐的人，曹操曾经问过儿子们的志向，曹彰就说："好为将。"[2]至于做不做接班人，曹彰没有多大的兴趣。只要给他一支兵马，让他去疆场拼杀，他就会喜欢得不得了。况且，他和胞弟曹植的关系不错，曹植得到父亲的宠爱，他也从内心里感到高兴。曹彰实际上已经主动地退出了竞争者的行列。

而曹丕就不一样了，曹昂死后，他在诸子中年龄最长，仅此就能让他在接班人的竞争中占得先机。并且，曹

---

[1]《三国志》卷二〇《曹冲传》。
[2]《三国志》卷一九《曹彰传》。

丕绝非碌碌无为之辈。他可以上马骑射，这可是曹操亲传的本事，曹丕在《典论·自叙》中回忆道："余时年五岁，上以世方扰乱，教余学射。六岁而知射，又教余骑马。八岁而能骑射矣。"他又师从当时著名的剑客史阿学习击剑，得其真传。在一次酒席宴间，曹丕手持一根甘蔗和号称能够空手夺白刃的将军邓展进行了一场比武，"三中其臂"。邓展不服，要求再比试一个回合，曹丕早就摸清了他的路数，一甘蔗击中邓展的脑门，还劝说邓展："愿邓将军捐弃故伎，更受要道也。"曹丕的武艺如此，文亦不弱，"少诵诗、论，及长而备历五经、四部，《史》、《汉》、诸子百家之言，靡不毕览"。

但是，在写诗作赋上，曹丕似乎不是弟弟曹植的对手。建安十五年那场作赋"比赛"中，曹操判曹植胜出，而曹丕、曹植当时写的赋我们今天不得见，不知曹植胜在何处。不过，到了建安十七年，曹操从西部战场回到邺城的时候，又一次命诸子登台作赋，曹丕赋曰：

> 登高台以骋望，好灵雀之丽娴。飞阁崛其特起，层楼俨以承天。步逍遥以容与，聊游目于西山。溪谷纡以交错，草木郁其相连。风飘飘而吹衣，鸟飞鸣而过前。申踌躇以周览，临城隅之通川。[1]

---

[1]《艺文类聚》卷六二《居处部》二《台》引魏文帝《登台赋》。

曹植赋曰：

> 从明后而嬉游兮，登层台以娱情。见太府之广开兮，观圣德之所营。建高门之嵯峨兮，浮双阙乎太清。立中天之华观兮，连飞阁乎西城。临漳水之长流兮，望园果之滋荣。仰春风之和穆兮，听百鸟之悲鸣。天云垣其既立兮，家愿得而获逞。扬仁化于宇内兮，尽肃恭于上京。惟桓、文之为盛兮，岂足方乎圣明！休矣美矣！惠泽远扬。翼佐我皇家兮，宁彼四方。同天地之规量兮，齐日月之晖光。永贵尊而无极兮，等年寿于东王。[1]

二赋相较，高下立现。曹丕只是在模山范水，写写景致而已。曹植却不同了，他懂得升华，懂得寓情于景，而这份由景所生之情，非缠绵之情，却是男儿豪情，是有理想有抱负的政治情怀。无怪乎南朝梁人钟嵘在《诗品》中评价曹植的诗："骨气奇高，词彩华茂，情兼雅怨，体被文质，粲溢古今，卓尔不群。"谈到曹丕，则说"鄙质如偶语"。睹文观人，由不得曹操不对曹植另眼看待。

能写出漂亮诗赋，确实是有才，然而这也只是文章之才，按照曹魏时期著名人才学家刘劭在《人物志》中的分类，这样的人可以授以"国史之任"，也就是做司马迁、

---

[1]《三国志》卷一九《曹植传》注引阴澹《魏纪》。

班固曾经做过的工作。但是，曹操可不希望自己的接班人是一个偏才，他要选出一个全才的儿子，能够做未来的君主。

建安十六年，曹操对二子做了不同的安排。曹植被封为平原侯，曹丕却没有被授爵，而是做了五官中郎将，成了副丞相。

曹丕为官，名正言顺地进入政界，日日与政务相伴，这无疑有助于政治经验的积累。就目前所见到的史料，五官将所配置的官属可见下表：

长史	功曹	门下贼曹	文学
凉茂 邴原	常林	卢毓 郭淮	夏侯尚 徐幹 应玚 刘廙 苏林

凉茂、常林前文已经做过介绍。凉茂后由五官中郎将长史升任曹操军府四大军师之一的左军师，魏国建立后，历任尚书仆射、中尉、奉常、太子太傅，是曹魏政权中的重臣，在太子太傅任上去世。

常林，这是一位能吏，后由五官中郎将功曹外任地方，再入军府，即成为核心部门——东曹的副职，魏国建立后，为尚书。

邴原，是与郑玄齐名的大儒，曹操也要高看一眼，当年曹操北征乌桓归来,在昌国暂住休整,酒席宴间,曹操对手下说:"孤反,邺守诸君必将来迎,今日明旦,度皆至矣。其不来者,独有邴祭酒耳!"邴原时任丞相东阁祭酒。但曹操的预测没有灵验,邴原率先来到了军营,曹操大喜过望,"览履而起,远出迎原"[1]。邴原后来成为丞相征事,这是一个清贤的官职,谁能坐上这个位置,就意味着他是时代的楷模了。凉茂升迁后,五官将长史就由邴原接任,后邴原在此任上谢世。

卢毓,是大儒卢植的儿子,学识、品行都为人称道。他曾评论过当时用法过重的现象,传到曹操那里,曹操认为卢毓言之有据,很有水平,便让他留在相府里,做了丞相法曹议令史。后转任西曹议令史。魏国建立后,成为尚书吏部郎。

郭淮,在入五官署前,通过举孝廉的正途,在平原府丞任上被曹丕召为五官将门下贼曹,可能是补卢毓之缺。魏国建立后,转任丞相兵曹议令史、征西司马。

夏侯尚,是曹丕的布衣之交,有谋略。而这夏侯氏和曹氏还有一层亲缘。据说,曹操的父亲曹嵩本姓夏侯。夏侯尚也是曹家的女婿。魏国建立后,由五官将文学升任黄门侍郎。建安二十三年,随曹彰出征代北,为曹彰参军事。

徐幹、应玚名列建安七子。徐幹大概是在病休中被召

---

[1]《三国志》卷一一《邴原传》注引《原别传》。

为五官将文学，应场则是从曹植平原侯府转入。二人在建安二十二年冬季发生的一场大瘟疫中染疾去世。

刘廙，荆州人士，与当时古文经学的一个新流派——荆州官学有着很深的关系。为躲避刘表的迫害，投奔曹操，入相府为吏。魏国建立后，由五官将文学升任黄门侍郎。

苏林，博学之士，尤其对古文字有着颇高的造诣。

可见，能够成为五官将的官属，要么是高德大儒，要么是才智之士。而曹丕当初选置官属就是要"博延英儒"[1]，看来他的目标是达到了。在"英儒"的簇拥下，曹丕何其风光。但，这还是其次。关键是，曹丕为官，设置官属，让局外人有了丰富的联想空间，曹丕日后不就是曹家的新主人吗？史载曹丕为五官将，"天下向慕，宾客如云"[2]。曹操后来在立太子时，颁布了一道《立太子令》，令曰："告子文（曹彰字子文）：汝等悉为侯，而子桓（曹丕字子桓）独不封，而为五官中郎将，此是太子可知矣。"[3]令文后出，不能拿来作为当时区别对待二子的解释。而且，这也未必是曹操的真实想法。

相比之下，曹植那里应该有些冷清了。原本为侯者，

---

[1]《三国志》卷二一《邯郸淳传》注引《魏略》。
[2]《三国志》卷一一《邴原传》注引《原别传》。
[3]《太平御览》卷二四一《职官部》三九《五官中郎将》引《魏武令》。

就是食邑租税，做个清贵，享受生活而已。能置几个侯家吏，吏员也有限，不会像五官将那样气派。然而，曹操却有意要让这平原侯府生机盎然，他专门颁布命令，为平原侯置吏，令曰："侯家吏，宜得渊深法度如邢颙辈。"[1]邢颙何许人也？他是"北土之彦"，在众人眼里，他就是道德楷模，足以与凉茂、邴原这样的五官将长吏们比肩而立了。此外，曹操还要替曹植争夺人才，像曹丕看中了邯郸淳的才学，要召他做五官将文学，曹植也希望邯郸淳到他府上，曹操听说了，便出面干涉，派邯郸淳去了曹植那里。这就让一些人发现了些奥秘，像善于察言观色的孔桂，他经常趁着曹操高兴的时候，把自己想要办的事情，委婉地表达出来，曹操大多会点头同意。这时，孔桂大概也看出了曹操在选储上的倾向，开始和曹植亲密交往起来，有意疏远了曹丕。

曹操的出面，使得看似明朗的局面又蒙上了一层迷雾。既然"主考官"没有判定最后的赢家，为官的曹丕还要忐忑不安地等待，以致找来算命先生给自己测算未来[2]；为侯的曹植，更因为得到"主考官"的偏袒，跃跃欲试起来。

---

[1]《三国志》卷一二《邢颙传》。
[2]《三国志》卷二《文帝纪》注引《魏略》："太祖不时立太子，太子自疑。是时有高元吕者，善相人，乃呼问之。"

比试：兄弟争储

兄弟二人已经喜欢上了这场"花落谁家"的游戏，时时刻刻在准备去完成"主考官"布置下来的作业。同时还要关注着对方的一举一动，希望能在最细微处发现对方的弱点，以求一招制胜。没想到这一比就是六年。

为此，兄弟二人似乎都秘密地组建了各自的"智囊团"。之所以说是秘密组建，是因为拉帮结派为法令所不容。早在建安十年，曹操进占冀州之地的时候，就颁布了《整齐风俗令》，首先要打击的就是"阿党比周"，即结党营私。兄弟二人想必不敢公开地以身试法吧！因此，丕党和植党的成员究竟有多少，是一个未知数。但就目前所见，那时还有法令所不禁止的公开活动，这些却能构成结党之实，这还要从第一次"南皮之游"说起。

南皮（今河北南皮），是袁绍起家的地方。当年袁绍离京出走，被委任为渤海太守，这渤海郡的治所就在南皮。建安十年正月，曹操进占南皮。曹丕做五官将后曾携友再游南皮，由此判断，第一次"南皮之游"应在建安十年正月至建安十六年正月之间，以谈学论道、娱乐休闲为主要内容，即曹丕在日后回忆中所说的那样：

> 妙思六经，逍遥百氏，弹棋间设，终以博弈，高谈娱心，哀筝顺耳。驰骛北场，旅食南馆，浮甘瓜于清泉，沉朱李于寒水。皦日既没，继以朗月，同乘并

载，以游后园，舆轮徐动，宾从无声，清风夜起，悲笳微吟，乐往哀来，凄然伤怀。[1]

参与此次"南皮之游"的，可以确知的人物有：曹丕、吴质、阮瑀、曹真和曹休。

吴质，济阴人，出身孤寒，当时对这种出身有一个特定的称谓，叫作"单家"。如果放在平时，单是这出身，就会让有才的吴质永无出头之日，老死乡里。这下好了，生逢乱世，原有的规则被颠覆，吴质的才华受到了贵公子的青睐，他的命运也就随之改变。

阮瑀，蔡邕的学生，为建安七子之一，文才自不必说，其人又解音律，善鼓琴，是像"南皮之游"这样的活动中不可缺少的人物。阮瑀的儿子是魏晋之际的大名士阮籍。

曹真和曹休都是曹氏族人，有曹操养子的名分，年纪较曹丕为长，曹丕视之为族兄，是曹丕的亲密伙伴。二人骁勇善战，都曾做过担负曹操安全警戒任务的"虎豹骑"的首领，"虎豹骑"被称作曹军精锐中的精锐。曹休还被曹操称为"吾家千里驹"[2]。

上述诸人，除了阮瑀于建安十七年去世，免去了参与曹丕、曹植争储的嫌疑外，吴质一度成为曹丕的谋主，即

---

[1]《三国志》卷二一《王粲传》注引《魏略》。
[2]《三国志》卷九《曹休传》。

便在他外任地方的时候，曹丕也要秘密地请他回府，商讨对付曹植的方略；曹真、曹休更为曹丕所倚重，成为曹丕控制军界的左膀右臂。虽然不必把这次宴乐休憩式的"南皮之游"看作曹丕结党的标志性事件，但此种活动对于巩固彼此间的友情有益而无害。

当然也不是所有类似的活动，都可以让人感受到"结党"的气息。在邺城的"北园"、"东阁讲堂"以及铜雀台，文人雅客欢聚，游宴赋诗，大家也能表现出"行则同舆，止则接席"[1]的亲密无间，这种场合却不适宜于"党同伐异"。总是要讲些分寸的，像吴质，本就是个乖巧的人，"善处其兄弟之间"[2]，曹植也把他当作朋友；还有名公之胄、聪明绝顶的杨修，他是曹植的谋主，曹丕见了他，不会怒目相向，还要以礼相待。

然而在这场"花落谁家"的游戏中，兄弟二人都竭尽所能，各自还有着不同的玩法。曹丕"御之以术，矫情自饰"，曹植"任性而行"[3]。大概有才气的人，都会任性。曹植在待人接物上不拘小节，譬如有次接见邯郸淳，曹植因为天热，自顾自地先洗个澡，敷一遍粉，再去和客人进行天上地下的交谈，末了还要推杯换盏，喝酒吃肉。但面对曹操时，他不仅不会任性，为了在父亲面前树立起一个

---

[1]《三国志》卷二一《吴质传》注引《魏略》。
[2]《三国志》卷二一《吴质传》注引《魏略》。
[3]《三国志》卷一九《曹植传》。

娴于政务的形象，他可谓费尽心机。杨修作为丞相主簿，利用职务之便，会事先知道曹操遇到了什么难题，他就写好相应的答案，派人密送曹植处。等到曹操需要解疑释惑的时候，曹植一准会来个"雪中送炭"。

而与曹植相比，曹丕的"术"却有几分神秘。就"术"本身而言，这是帝王要掌握的一门技艺，历史上对它有精到见解的是战国时期使韩国图强自励的申不害，他讲："故善为主者，倚于愚，立于不盈，设于不敢，藏于无事，窜端匿疏，示天下无为，是以近者亲之，远者怀之。示人有余者人夺之，示人不足者人与之，刚者折，危者覆，动者摇，静者安。"[1]申不害讲得高妙，理想的君主应该是个什么样子呢？看似平淡无奇，却能极其冷静地因势利导，见机行事，化解矛盾，解决问题。对于想做君主的曹丕来说，这些话是否对他有所启发呢？这在下面讲到的兄弟二人的比试中可以领略一二。

比试一，诗赋。曹丕败了。曹植胜了。

比试二，智谋。一次，曹丕派人把自己的谋主，时任朝歌长的吴质藏在一个破竹箱里，用车运进自己的府里，商讨对付曹植一党的办法。按制度讲，吴质未得曹操命令，擅离职守，是要被问罪的。因此，必须掩人耳目，潜行入府。但是，这一切却被曹植的谋主，丞相主簿杨修发现，杨修马上上报曹操。只是口说无凭，尚无法查办。曹

---

[1]《群书治要》卷三六《申子·大体》。

丕有些害怕，吴质对他说："何患？明日复以簏受绢车内以惑之，修必复重白，重白必推而无验，则彼受罪矣。"[1]曹丕依计行事，这可以说是因势利导了。杨修果然上当，曹操生疑。此回合，曹丕胜，曹植败。

比试三，亲情。一次，曹操出征，曹丕与曹植兄弟二人为父亲送行。曹植又把自己的强项拿出来，歌颂起父亲的功德，他出口成章，懂得升华，自然得到了大家的赞许。曹操也很高兴。曹丕就有些不知所措了，再说些赞美的话，落了俗套，怎么办是好呢？这时，吴质（吴质能够出现在曹丕身边，此回应无违制的嫌疑）悄悄地对他说："大王走的时候，您什么也别说，哭就行了。"曹丕便流下了眼泪。见机行事的结果是曹操及其随行人等深受感动，一致认为在此时此刻，曹植的歌颂是华而不实的表现，曹丕却有着一颗真诚的心。此回合，曹丕胜，曹植败。

比试四，应变力。这回是"主考官"出的题目，让曹丕、曹植在没有手令的情况下，各出邺城一门。并且事先命令城门守卫不得放行。曹丕遭到阻拦，就返回了。而杨修却告诉曹植："若门不出侯，侯受王命，可斩守者。"[2]如此，守卫是阻拦不住曹植出城的。此回合，曹丕败，曹植胜。

---

[1]《三国志》卷一九《曹植传》注引《世语》。
[2]《三国志》卷一九《曹植传》注引《世语》。

四回合比下来，兄弟二人战成了个平手。但是，曹丕是在暗斗中取得全胜，在明争中是曹植占了上风。究竟是曹丕的"术"棋高一筹，还是曹植的"任性"更中"主考官"的意呢？

"主考官"大概也已经心中有数，自己都做了魏王，还迟迟不公布储副，说不过去，也到了结束这场游戏的时候了。在宣布最终结果前，曹操还要询问一下自己的臣僚，验证自己的判断是否正确。询问采用了两种方式：密函和密谈。询问的内容似乎只有一个："吾欲立曹植为嗣，何如？"

说好的有：丁仪、丁廙和杨俊。

丁仪、丁廙是兄弟俩，他们的父亲是曹操的同乡好友丁冲。丁冲在当年曹操"奉天子"的过程中出过力，受到曹操的器重，委以司隶校尉之职，大概是想让他肩负起治理关中的重任，为曹操建立起西部屏障。但丁冲是一个酒徒，酗酒成性，最终也是在酒上出了事，醉烂肠死。作为故人的后裔，丁氏兄弟自然受到曹操的关照。并且，曹操听说这丁氏兄弟都有才华，便想把自己的女儿嫁给丁仪，就此事他找来曹丕，想听听曹丕的意见。曹丕说："女人观貌，而正礼（丁仪字正礼）目不便，诚恐爱女未必悦也。"[1]曹丕所说的丁仪"目不便"，是实情，丁仪确实是瞎了一只眼睛。既然丁仪有生理上的缺陷，恐怕是配不

---

[1]《三国志》卷一九《曹植传》注引《魏略》。

上自己的爱女，曹操也就不再提这事了。后来见了丁仪，和他一番谈论后，曹操大为兴奋，说："丁掾，好士也，即使其两目盲，尚当与女，何况但眇？是吾儿误我。"[1]说者是在赞美丁仪，听者却知道了曹丕曾经诋毁过他，断然没有与曹丕交好的道理。自此，丁仪便成了曹植的忠心支持者。丁仪大概是在丞相西曹再度恢复建制后，担任过西曹掾，魏国建立后，做过尚书。丁廙则做了黄门侍郎。

杨俊，是前面讲过的引起兖州事变的名士边让的学生。他从县令做起，逐渐受到曹操的重用，魏国建立后，曾任中尉。

丁仪和杨俊的表态，史载阙如。但，丁仪认为曹植有奇才，已经不是什么秘密，而是大家都知道的事情。杨俊在立嗣问题上似乎想保持中立，却没有做到，还是给曹植投了赞成票。丁廙的观点保存在《文士传》中，他说：

> 临淄侯（曹植在建安十九年徙封为临淄侯）天性仁孝，发于自然，而聪明智达，其殆庶几。至于博学渊识，文章绝伦。当今天下之贤才君子，不问少长，皆愿从其游而为之死，实天所以钟福于大魏，而永授无穷之祚也。[2]

---

[1]《三国志》卷一九《曹植传》注引《魏略》。
[2]《三国志》卷一九《曹植传》注引《文士传》。

其实，丁廙的话中只有"博学渊识，文章绝伦"可以站住脚，别人挑不出毛病。其他则得不到实际的支持，像上述在比亲情的那一回合中，"发于自然"的仁孝却输给曹丕的眼泪；天下贤才君子愿从其游而为之死，就更过分了，曹操为爱子千选万选选出来的道德楷模邢颙，却遭到曹植的冷落。曹植显然没有领悟父亲为他精心设置侯家吏的一番苦心。建安七子之一、当时也在曹植侯府供职的刘桢却看出曹植的做法欠妥，他说："桢礼遇殊特，颙反疏简，私惧观者将谓君侯习近不肖，礼贤不足，采庶子（刘桢为平原侯庶子）之春华，忘家丞（邢颙为平原侯家丞）之秋实。为上招谤，其罪不小，以此反侧。"[1]邢颙不需要曹植为他增添什么光彩，而是曹植要通过礼遇邢颙，得到礼贤的美名。曹植做不到，就伤了天下贤才君子的心。

说不好的有：贾诩、崔琰、毛玠、邢颙、桓阶。

贾诩，自从攻陷长安后，就保持了低调。在天子踏上东归之路的时候，他就弃官不做了，到了张绣那里，成为张绣的谋主。在曹操与袁绍对阵官渡之时，贾诩劝说先降后叛曹操，并与曹操有杀子之仇的张绣再次投靠曹操，而当时袁绍的使者已经来到张绣营中，商议联合事宜。贾诩就当着袁绍使者的面说："归谢袁本初，兄弟不能相容，而能容天下国士乎？"张绣没有想到贾诩会这样说，很吃

---

[1]《三国志》卷一二《邢颙传》。

惊,偷偷地问贾诩:"若此,当何归?"贾诩说:"不如从曹公。"张绣很犹豫,他说:"袁强曹弱,又与曹为仇,从之如何?"贾诩则说:"此乃所以宜从也。夫曹公奉天子以令天下,其宜从一也。绍强盛,我以少众从之,必不以我为重。曹公众弱,其得我必喜,其宜从二也。夫有霸王之志者,固将释私怨,以明德于四海,其宜从三也。愿将军无疑!"[1]张绣遂率军再次归顺了曹操。一切都如贾诩所预料的那样,张绣受到了曹操的礼遇,并与他结成了儿女亲家。曹操对于贾诩,更是敬重得不得了,认为是贾诩让他在天下人面前有了一次上佳的表现,要好好地谢谢贾诩。而贾诩自入曹营后,刻意夹着尾巴做人,认为自己不是曹操的旧臣,没必要去抢功劳,甘愿处于清闲的位置上。在立嗣问题上,曹操和他进行了一次密谈,贾诩起初是不想作答的,但是"嘿然不对"却过不了曹操这一关:

曹操说:"与卿言而不答,何也?"

贾诩说:"属适有所思,故不即对耳。"

曹操说:"何思?"

贾诩说:"思袁本初、刘景升父子也。"[2]

袁绍和刘表都是把位子传给了自己宠爱的小儿子,他们却没有保住父亲的产业。贾诩的话还需要接着说下去

---

[1]《三国志》卷一〇《贾诩传》。
[2]《三国志》卷一〇《贾诩传》。

吗？还有必要去谈论曹丕、曹植兄弟孰优孰劣吗？不按规矩办事，你曹操辛辛苦苦打拼下来的江山也会因为你的一意孤行而毁于一旦。

也正是贾诩，曾经接受过曹丕的问询，并秘密地传授给曹丕为"术"之道，他希望曹丕能做到"恢崇德度，躬素士之业，朝夕孜孜，不违子道。如此而已"[1]。看来，曹丕以"术"争储，是得到了高人的点拨。而对于一向冷静，能审时度势，又总能在关键时刻做出"正确"选择的贾诩来说，此次在立嗣问题上表明立场，说明了什么？说明这位智谋之士开动了自己的脑筋，将自己的未来托付给了曹丕。

崔琰、毛玠、桓阶都是魏国建立后的枢密重臣，深得曹操信赖。在接到曹操的密函后，崔琰表现得很冲动，直接"露板"作答，即没有把自己的"试卷"密封，这就等于要把自己的答案公开，他要以死相谏："盖闻《春秋》之义，立子以长，加五官将仁孝聪明，宜承正统。琰以死守之。"[2]

毛玠则讲："近者袁绍以嫡庶不分，覆宗灭国。废立大事，非所宜闻。"[3]

桓阶说："今太子（史载有误，应为五官将）仁冠群

---

[1]《三国志》卷一〇《贾诩传》。
[2]《三国志》卷一二《崔琰传》。
[3]《三国志》卷一二《毛玠传》。

子，名昭海内，仁圣达节，天下莫不闻；而大王甫以植而问臣，臣诚惑之。"[1]

邢颙说："以庶代宗，先世之戒也。愿殿下深重察之！"[2]

大家表明了同一个态度：要立嗣，就要按规矩办事，不能由着性子来。

贾诩等人的说辞冠冕堂皇，以及就连当初曹操为曹植特意选定的平原侯家丞邢颙和与曹植有着姻亲关系的崔琰（曹植为崔琰兄女婿）也成了反对者，这会让曹操三思后行，改变初衷吗？

恰恰就在这时，曹植却出了事，"植尝乘车行驰道中，开司马门出"[3]。也许是曹植已经得到了确凿的消息，认为自己成为储副，是十拿九稳的事情，有些得意忘形了，便恢复了自己的本来面目，任性而为，来了一个无令夺门而出。

曹植擅自打开的司马门，当在雒阳[4]。这便有了一个意外的发现。雒阳自董卓放了一把火后，东汉百余年的积累化成了灰烬，献帝东归回到故都，未及大兴土木，便被曹操接到了许。二十多年后，也就是在建安二十二年，

---

[1]《三国志》卷二二《桓阶传》注引《魏书》。
[2]《三国志》卷一二《邢颙传》。
[3]《三国志》卷一九《曹植传》。
[4]《水经注》卷十六《穀水》："曹子建尝行御街，犯门禁。"

雒阳又出现了供天子专用的驰道，有了宫城外的重要门户——司马门，此处有重兵屯卫。这说明雒阳的重建似乎是在悄然进行着，并且它的重建形制应该是恢复故都的旧貌。它要派上的用场，绝不是为了汉天子有朝一日能从"埤湿"的许下还驾，应是为魏王称帝在做准备。曹植此番任性而为，是有意还是无意，已经无关紧要，这不啻一种炫耀，是在预支天子权力。曹操大为震怒，随即发布多道命令，传世令文大都不完整，但可以推断曹操已经取消了曹植作为储副候选人的资格，并同时丧失了对封侯诸子的信任，转而要对诸侯严加管束。大概在同时，曹操宣布曹丕为太子。

曹丕做了太子，喜形于色，竟然抱着辛毗的脖子，说："辛君知我喜不？"[1]但是，曹丕高兴得还是早了。他和曹植的竞赛并没有真正结束。

谁主沉浮：太子党在行动

建安二十五年正月庚子，六十六岁的曹操在雒阳去世。曹操在弥留之际，并没有想到远在邺城的太子，而是十分急切地要见曹彰一面，"太祖至洛阳，得疾，驿召彰"[2]。

220年3月15日

---

[1]《三国志》卷二五《辛毗传》注引《世语》。
[2]《三国志》卷一九《曹彰传》。

曹彰在完成代北作战之后，即刻率部西进与曹军主力会合。此时，曹操西征无功，已放弃汉中，回军长安。在长安驻扎的时间是建安二十四年五月到九月间。在荆州战事还不明朗的情况下，曹操率军东归雒阳，命令曹彰以行越骑将军的身份留屯长安，事实上是让曹彰担当了西部军事统帅。

曹彰在长安接到父王的召唤，随即赶到雒阳，还是没有来得及看父亲最后一眼，恐怕也没有接到曹操的遗令。这份遗令的内容，我们前面已经讲过，曹操很是儿女情长地交待了些细枝末节的事情，有关其身后政治安排的事项只有一条，即"其将兵屯戍者，皆不得离屯部，有司各率乃职"[1]。如果曹彰见到遗令，作为带兵者，他也只能依令行事，重新回长安去。而话说回来，曹操在大限将至的时候，把曹彰召到身边，是要嘱托些事情吗？

而曹彰到了雒阳，没有去父亲灵前尽孝，而是急着去见了胞弟曹植。兄弟见面后，曹彰直截了当地说："先王召我者，欲立汝也。"[2]此语一出，石破天惊。曹彰既为父亲生前召唤唯一一人，他俨然可以成为曹操意愿的代言人。而曹彰所言，似非自己臆造。

曹植自在建安二十二年私开司马门，似已失宠。但在建安二十四年八月，南方军事吃紧，于禁七军尽没，曹仁

---

[1]《三国志》卷一《武帝纪》。
[2]《三国志》卷一九《曹彰传》注引《魏略》。

被围，曹操决心起用曹植，任命他为南中郎将，行征虏将军，率军前往营救。这不应该被视作一次简单的任命。我们只知道曹植有文才，至于他是否能像曹彰那样上马征战，则有待证实。而曹操之所以要起用曹植，也未必是指望这位才思敏捷、出口成章的儿子在战场上斩敌将首级。此前，曹操曾下令称：

> 今寿春、汉中、长安，先欲使一儿各往督令之，欲择慈孝不违吾令，不知用谁也？儿虽小时见爱，而长大能善，必用之。吾非有二言也，不但不私臣吏，儿子亦不欲有所私。[1]

此令系年不清，但颁布的时间最早不会早于建安二十年，这一年七月汉中才入曹操的版图；最晚不会晚于建安二十四年五月，这时汉中已为刘备所得。考虑到建安二十四年汉中军情，此令在这一年颁布几无可能。而从令文内容上看，仍旧带有选拔储副的色彩。

令中所提到的寿春、汉中、长安三地，分别为曹操战略规划中对孙权、刘备进行军事征伐的东部、南部和西部基地。三地各以一子担当方面之任，谁可建功，谁就能够得到父亲的重用。一旦被重用，那就不是做个将军了，而是将成为曹操的接班人。这是再明显不过的意思。在曹

---

[1]《太平御览》卷四二九《人事部》七〇《公平》引《魏武令》。

操诸子中，能够有资格入选的恰恰也就是三个人：曹丕、曹彰和曹植。而曹彰在建安二十三年被委以军职，建安二十四年九月后又留屯长安，此种安排，是否意味着曹操要旧令重提呢？前面已经讲过曹丕、曹植争储的内容，但二人之间并没有正面比试过军政能力。如果此令是在建安二十二年曹丕为太子前颁布的，那它的针对性就很明显。曹丕为官，已经在政务上有了展现风采的平台；曹植能外任为将，总统一方军务，建立军功，较之兄长，将有过人之处。如果此令是在曹丕为太子之后颁布的，是不是就意味着曹操要重新把曹植扶起来呢？此番委任曹植为南中郎将，莫不就是令文精神的再次体现？而曹植一旦走马上任，南下解围，为父者肯定要为他选配能与关羽抗衡的猛将，如日后解曹仁之围的平寇将军徐晃。有猛将的辅佐，曹植到前线走一遭，虽有风险，但也可因此获得不世功勋。

而在曹植将要受命南下解围的前夕，太子曹丕却出现在长安。在建安二十三年曹丕并没有随父西征，而是留守邺城。建安二十四年完成代北作战的曹彰接到曹操指令西进，路过邺城的时候，还和兄长见了一面。这么说来，曹丕应该是继曹彰之后现身长安的。他恐怕不是奉令前来，但是这次又是非来不可，此行关系到他的命运，而找个诸如向父王当面汇报工作的借口，对于太子来说，并不难。

屈指算来，曹丕做太子快两年了，还要为自己的命运担忧，是不是有些多虑了？就我们所知，曹丕能够做太子，似乎并不是曹操的本意，倒像是曹植的任性奉送给兄长的礼物。谁能保证曹操气火消了，不会重新宠爱起这位有才气的儿子呢？况且，在当年拒绝支持曹植为储副的人员中，已经有人在曹丕做太子前被曹操以"莫须有"的罪名革职查办了，自杀的自杀，气死的气死了。

自杀的是崔琰，气死的是毛玠。听起来会让人不敢相信自己的耳朵。而这又是实实在在发生了的事情。崔琰是河北士人领袖；毛玠是曹操的心腹重臣，从曹操势微之时，就追随其左右，忠心不二。崔、毛二人久处曹氏政权的核心，没有必要惹怒曹操。说起崔琰的错误，缘起于他所举荐的一个叫杨训的人，写了一篇歌颂魏王功德的文章，却被人说成是华而不实，阿谀奉承，并连带把崔琰捎上，认为崔琰选错了人。崔琰起初并没有把这当回事，拿来杨训的文章一看，写得不错啊，抬笔就给杨训写了封信，信中说："省表，事佳耳！时乎时乎，会当有变时。"[1]用我们现在的话说："我看了你写的文章，写得很好！这是个什么世道，将来会有一个公正的评价的。"离奇的是，这封信被崔琰的"政敌"看到了。而窥探他人隐私，从中发现不利于当政的蛛丝马迹，是曹操鼓励的行为。并且，曹操还专为此设置了刺奸令史和校事官，从事密查检举。看了信，崔琰的"政敌"一定很兴奋，急忙

---

[1]《三国志》卷一二《崔琰传》。

到曹操那里去告发他，想当然地认为崔琰写信的目的是诽谤当政。曹操居然也按照这样的思路来了个小题大做，说："谚言'生女耳'，'耳'非佳语。'会当有变时'，意指不逊。"[1]曹操既然发话了，崔琰"腹诽心谤"的罪名成立，随即就把崔琰投入大狱，判了个髡刑输徒——剃了头发，劳动改造。崔琰在服刑期间，"政敌"又在曹操面前告了他一状，说："琰为徒，虬须直视，心似不平。"[2]看来，"政敌"的眼睛一刻也没有离开过崔琰，看不到崔琰的文字，听不到崔琰的话语，但是崔琰的一举一动一个眼神，明摆着是对曹操的判罚不服啊！这次，曹操不仅又信了，还要手下人在三日内督促崔琰去死。可是，三天过后，崔琰安然无恙，曹操大怒，说："崔琰必欲使孤行刀锯乎！"[3]意思讲得已经很明白了，崔琰不识趣，一定要让曹操亲自动手不成？原话传给崔琰，崔琰大为意外，他说："我殊不宜，不知公意至此也！"[4]原本以为曹操罚他，是给他开的一个大玩笑，罚过去了也就算了，没想到曹操会真要他的命。事已至此，话已说绝，就不劳曹操亲自动手了，崔琰自杀。

崔琰到死，恐怕才搞明白自己为什么而死，区区一封

---

[1]《三国志》卷一二《崔琰传》。
[2]《三国志》卷一二《崔琰传》注引《魏略》。
[3]《三国志》卷一二《崔琰传》注引《魏略》。
[4]《三国志》卷一二《崔琰传》注引《魏略》。

信要不了他的命。还有那个千方百计要置他于死地的人，他也应该知道是谁了。而详细记载崔琰之死的《魏略》却隐去了其人的姓名，只称作"与琰宿不平者"。还是晋人傅玄在所著《傅子》一书中把这个人给揪了出来，他就是丁仪。傅家在建安时期就有位居曹魏政权核心层的人物，叫傅巽，他原本是刘表的人，后来随刘琮降了曹操，又受到曹操的重用，做过魏尚书。傅玄能够明晰前朝故事，自有他得天独厚的条件。丁仪，是曹植一党，在储副之争进入到关键时刻时，攻击曹丕的支持者，虽然做的都是些捕风捉影的勾当，但是能把崔琰这样的大人物搬倒，那时候影响就大了。更何况，丁仪的捕风捉影很合曹操的胃口。清人何焯则认为，崔琰在"露板"回答曹操立嗣问题的时候，就已经为自己埋下了祸根，他说："以密函下访，乃露板以答，非所以处骨肉之间，季珪之祸实萌于此。"[1] 无论曹操是否在那一时刻就因为崔琰的胆大妄为，对其怀恨在心，他会因为几个字、一个动作、一个眼神，就把崔琰逼死，已经说明：在立嗣问题上，曹操容不下异己的声音，当面虽然可以夸赞你处事公允，但莫要让他抓住你的把柄，即使是凭空捏造出来的，崔琰就是一个很好的例子。他要杀一儆百，甚至不计后果，谁要不服气，那就来吧！

毛玠在得知崔琰死讯后，心情变得很不好。崔、毛共

---

[1]《义门读书记》卷二六。

事多年，同声相应，同气相求，崔琰无端自杀，毛玠显然认为曹操做得没有道理。大概在一次公开场合，毛玠看到黥面的囚徒及其被罚作官奴婢的妻子，就说了句："使天不雨者，盖此也。"[1]有人就把这句话作为毛玠表露不满的罪状，到曹操那里把毛玠给告了。告发者不是别人，还是丁仪。这丁仪大概是在党同伐异中尝到了甜头，对于曹丕的支持者大有斩尽杀绝的意思。丁仪故伎重演，曹操又毫不吝惜地将毛玠送进了大狱，并派出魏国的首任大法官——大理钟繇前往审理结案。钟繇是法理名家，按程序来对毛玠进行审判，无非就是先申明大义，然后叫毛玠认罪伏法，让他回忆一下什么时候、什么地点、对谁说过什么话，并且还没忘记加上一句威严的结束语："事已发露，不得隐欺，具以状对。"[2]毛玠却没有理会钟繇的问话，直截了当地说自己被小人陷害，要和那个小人当堂对证。这可把钟繇难住了。丁仪在背后有无中生有的本事，当着毛玠的面，未必能说出个所以然来。曹操拿这个刚正不阿的毛玠又能有什么办法呢？而且，你今天逼死崔琰，明天又要治毛玠的罪，声援毛玠的呼声已经出现了，曹操也无法强硬下去。只能匆匆收场，免了毛玠的官，让他回家去吧。毛玠却一气之下，亡故了。

支持曹丕为储副的崔琰、毛玠相继死去，也就把曹操

---

[1]《三国志》卷一二《毛玠传》。
[2]《三国志》卷一二《毛玠传》。

对曹丕的不满意公开化了。曹操为什么会不满意曹丕？史料阙如，这便成了一个不易解开的谜。虽然曹丕还是"侥幸"做了太子，他也会因为这得来不易的胜利而感到高兴，但眼前得到的胜利还是暂时的，作为要参悟为"术"之道的人，父王是不是会变卦，曹丕不能不防。如何防呢？关键还是要培植自己的党羽，随时能够探听到父王的动向，以便相机行事，有备无患。

而崔琰、毛玠尸骨未寒，谁又敢去党附太子呢？即便是太子府中的人，完全可以被外人视为地道的太子党了，也会十分在意与太子交往的尺度，像太子太傅何夔，就要和太子讲个举止有礼。等到不做太子官属了，曹丕要找他叙旧，何夔也会搬出制度来拒绝见面。何夔之所以这样做，是因为他知道丁仪也惦记着他，他可不想无缘无故地让愿意"咬人"的人咬上一口。

这样一来，人人自危，曹丕岂不是成了孤家寡人？事实却非如此。谨慎的何夔已把话放出去了：多行不义必自毙，奸佞小人不会有什么好下场。丁仪恐怕要掂量掂量这话的分量吧！然而，他也许做梦都不会想到，太子党的中坚已经在他眼皮底下形成了。

太子党的中坚，史称太子"四友"。他们是：司马懿、陈群、吴质和朱铄。

吴质，作为曹丕争储时的智囊，理所当然会被太子信重，但吴质在曹丕为太子后，仍为地方县令，对于曹丕的帮助可能不会很大。

朱铄，谯人，曹氏乡亲。建安时期的履历不详。就建安以后，朱铄担任曹氏中央军主将一点来看，他应是军界中人。

司马懿，这位在三国时代叱咤风云，并以七十岁的高龄将曹魏政权置于股掌中的人物，却在建安初期，对于入曹操政权为吏，没有表现出丝毫的积极性。而曹操与司马氏的关系早在东汉灵帝熹平三年的时候就已经建立起来。那时，司马懿的父亲司马防推荐曹操担任雒阳北部尉。建安六年，曹操辟司马懿，是在遵循传统，要报答司马防当年的知遇之恩，司马懿没有接受。大概是在同时，司马懿的兄长司马朗成为司空府中的一员。建安十三年，曹操做了丞相，再召司马懿入府，虽又有波折，但最终司马懿做了个闲散的文学掾。入府之后，司马懿便与曹丕建立了友情。后来，司马懿弟司马孚做了曹植侯府吏。由于拒命，曹操已经把司马懿打入了另册。但通过考察，曹操发现司马懿不是一个等闲之辈，他有远大的志向，而有志向的人往往会让曹操有些心里不踏实，并且曹操还听人说司马懿有"狼顾相"。于是，曹操就找了一个机会，亲眼见识了司马懿做出那个高难度的动作——"面正向后而身不动"。面相识人，"狼顾"就与野心画上了等号。更有甚者，日有所思夜有所想的缘故，曹操竟然梦见了三马同食一槽的场景。想到司马懿，曹操就会寝食不安，为了曹家的长治久安，他动了杀司马懿的心。有赖曹丕在父亲面前力保司马懿，司马懿也被吓得惊醒过来，随即埋头苦干，废寝忘食，任劳任怨，也就逐渐打消了曹操对他的坏印象，并在入府四五年后，得以转迁入丞相东曹，很快就做到了主簿的位置。这样就有了参与曹操重大军事行动的资格，取得了话语权。在曹丕做太子后，司马懿又入太子府，做了一段的太子中庶子，后再入相府，任军司马一职，成为曹操身边核心军事参谋人员。

陈群，与司马懿比起来，属于另一种类型。他的父祖都是享誉全国的大名士。陈群祖陈寔、父陈纪、叔父陈谌被当时人称作"三君"，豫州百姓家家挂着他们父子三人的画像。在后世人的评价中，颍川陈氏是与荀氏并驾齐驱的士林名族，把陈群比之于荀彧。但是，在建安时代的绝大部分时间里，陈群的政治地位都无法与荀彧和荀攸相提并论，他真正得到曹操的赏识，大约是在五十几岁的时候，即建安二十二年前后，陈群成为魏国的侍中，并身兼相府东西曹掾，这就意味着他已经进入曹氏政权的核心层，而且掌握着人事权。陈群为什么后起？可能是因为他在早年有追随刘备的经历，使得曹操有了戒心，需要对他进行长时间的甄别考察。而陈群为人行事，恐怕不会有什么令曹操生疑之处，他本人是一个有见识又异常谨慎的人，在人们眼里，陈群就是一个纯正的道学先生的形象，曹丕把他视为颜回。

从建安二十二年冬季曹丕做太子到建安二十五年正月曹操去世，太子党已成气候。

在政界，太子太傅何夔做了太仆。尚书台中有五官将旧部常林和明确支持曹丕的桓阶。陈群做了侍中，并领丞相东西曹掾。

在军界，司马懿任丞相军司马。曹丕的布衣之交，也是五官将旧部的夏侯尚在协助曹彰完成代北作战之后，回到曹操的军事指挥中枢，"掌军计"[1]。另外，与曹丕自小一起长大的同族伙伴，也曾经参与过"南皮之游"的曹休、曹真也已经能够独当一面了。曹休在曹丕从汉中撤军回到长安时，成为中领军，即中军主将；曹真，则作为征蜀护军，屯驻陈仓。在曹操召回曹彰之后，西部军事的指挥权也就掌握在曹真手中。

太子党的人成了军政两界的要员，对于曹丕来说，即便自己不在父王身边，父王那里的秘密，他也可尽知周详。曹植将被起用，如此重大的信息一定也会及时传递到邺城。

曹丕匆匆赶到长安，在曹植出征前一天，曹丕找来曹植，为他摆酒饯行。想来弟弟要征战沙场，作为兄长为其饯行，这在常人眼中是再正常不过的事情了。在酒席宴间，曹丕频频劝酒，甚至是强逼着曹植，非喝不可。曹植平素里也是好饮酒的人，但此次却吃不住劲，醉倒了。到第二天，曹植还不省人事，整装待发的南下救援部队也只能原地待命。曹操万没想到曹植会荒唐到如此地步，救兵如救火啊！曹植竟能把军国大事当成了儿戏。

---

[1]《三国志》卷一五《贾逵传》。

难道他就不考虑他的任性会给他带来什么样的后果吗？贻误军机，杀他也不为过。当初想到要起用他，那简直就是一个天大的错误。枉费了为父的一片苦心啊！就这么算了？由他去了？似乎又说不过去。也就在这个当口，曹操杀了一个人，此人又与曹植有着极其密切的关系，他就是杨修。

杨修自己显然也明白自己为什么会死：

> 公（指曹操）以修前后漏泄言教，交关诸侯，乃收杀之。修临死，谓故人曰："我固自以死之晚也。"其意以为坐曹植也。[1]

毕竟舐犊情深，儿子杀不得，但断你曹植的一条"臂膀"，这样的狠心还是说下就下得了的。杨修死了，也让你明白一个道理：袒护终究会有一个尽头。你还是收敛一下本性，好自为之吧！

曹丕放心地踏上了回邺城的路，虽然等待他的是魏讽即将发动的一场暴动，但这对于曹丕来说，未必不是件好事，父王又可以领略一下自己的才干了——太子在处置大事上从来就不糊涂。可是，百余日后，父王竟然没有给自己留下一句话，就永远地离开了人世。反倒是，曹彰出现在洛阳，还口口声声说，他之所以来，就是要完成父王的

---

[1]《三国志》卷一九《曹植传》注引《典略》。

遗愿，立曹植为新魏王。这还怎么得了？眼看水到渠成，却横生出了枝节？然而曹丕身在邺城，插翅飞去也要有个时间。而曹彰却已急不可待，把话说完，就搁下曹植，让他独自去做心理上的争斗，自己现在可要去会一会先王的臣僚们了，要把该拿到手的东西拿到。

十一 禅让

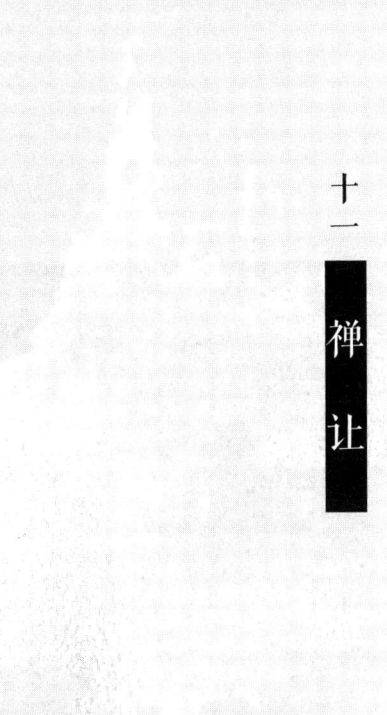

《上尊号碑》，三国魏黄初元年刻。石存河南临颍。拓片额高52厘米，宽26厘米；身高198厘米，宽105厘米。隶书。传是梁鹄或钟繇所书。额为阳文篆书。见北京图书馆金石组编《北京图书馆藏中国历代石刻拓本汇编》第二册，中州古籍出版社，1989年。

樊城之围：三家斗法

曹操去世后，雒阳行营已是群龙无首。权力真空的出现，使得臣僚们一时手足无措，他们真实地感受到了身边的危机。事实上，从建安二十三年七月离开邺城到现在，一年多的时间里，曹军主力陷入前所未有的被动之中。即便是建安十三年在赤壁遭受重创，败是败了，战略意图大家还都清楚，而此次，解围，撤退，救援，夏侯渊阵亡，丢了进攻蜀地的桥头堡——汉中不说，三万精锐在南方的一片汪洋中成了关羽的俘虏，连曹操最为倚重的大将于禁都临阵"变节"……曹军处处挨打，疲于奔命，有些茫然不知所从了。而他们的主心骨——向来用兵如神、深谋远虑的魏王曹操，早在西征前夕，就失去了"老骥伏枥，志在千里"的豪情，迟暮之感袭上心头，他特地在邺城转了一遭，为自己百年之后的归所选定了位置——西门豹祠西部的高地。难道是他已经预感到了此番征战，不同往常，会徒劳无功，自己的生命也将走到尽头？

事实已经摆在面前：士气低落，疾疫又起。失败、愁苦的情绪早已弥漫开来。曹操在的时候，情况还好，至少手下人等还不敢造次。现在曹操去世了，骚乱一触即发，更可怕的是已经有了兵变的苗头，局面会不会就此失控呢？

在曹操去世的当天,雒阳行营中的臣僚们慌忙聚齐,商讨对策。为了避免可能出现的事态恶化,大部分人都认为不宜举哀发丧。而贾逵持反对意见。贾逵以为,曹公去世的消息想瞒也瞒不住,想趁虚作乱的人迟早要乱起来。曹公临终之际所颁布的令文中不是明确规定了"其将兵屯戍者,皆不得离屯部,有司各率乃职"吗?倒不如,借为曹公举哀发丧的机会,严肃军纪。在贾逵的坚持下,多数服从了少数,贾逵也成为曹操丧事的主持者之一。其他成员还有:夏侯尚、司马懿。

要知道,能够主持丧事,就意味着在非常时期,拥有便宜行事的权力,也就等于控制了雒阳行营。换言之,曹丕那里不必太着急,自己虽不在雒阳,但太子党已经行动起来,他们的目的应该只有一个,那就是要确保在曹操去世后,权力的"正常"移交。而贾逵的阵营归属,随之也就有了眉目。

很快,曹彰见到了贾逵。既然贾逵现在是主事者之一,那么曹彰要的东西,贾逵就应该知道所在。曹彰没有说什么客套话,直奔主题:"先王玺绶在哪里?"玺绶是魏王的权力象征,把它拿到手,曹植继位转眼就会成为现实。而贾逵却没有把这位先王生前召来的爱子放在眼里,他义正言辞地教训了曹彰一通:"太子在邺,国有储副。先王玺绶,非君侯所宜问也。"[1]关键时刻,贾逵表明了立

---

[1]《三国志》卷一五《贾逵传》。

场，他站到了太子一方，和夏侯尚、司马懿成了同党。

曹彰在贾逵那里碰了钉子，会知难而退吗？这位孔武有力、在年前又建立战功的黄须儿下一步要采取什么行动，不用猜都知道。而贾逵等屡经战阵的人，处乱不惊，是他们应有的心理素质。更何况，当时形势的发展正如大家所预料的那样，曹操去世的消息一经公开，洛阳驻军中就有两支队伍置军纪于不顾，"鸣鼓擅去"，闹出这么大的动静，明摆着就是造反了，而他们又都有造反的"前科"。这两支队伍，一支是臧霸别军，一支是青州军。

说起臧霸别军，就要先说一说臧霸其人。臧霸，泰山华（今山东费县）人，成名很早，十八岁的时候就做了一件惊天动地的事情。臧霸的父亲在本县是一名管监狱的小吏，郡太守为了泄私愤，指使他把已收监的某人杀掉，这种法理不容的事情，臧父断然拒绝。而不听话的结果，就是惹祸上身，太守发怒，派人把臧霸的父亲抓了，押解到郡。臧霸一下就火了，半路上就带着人把父亲救了下来，亡命他乡。臧霸救父，就有了"勇壮"的名声。后来，臧霸投军，成了徐州刺史陶谦手下的一名军官，参与了对黄巾军的作战，后通过接收降军，成了气候，成为可以左右徐州局势的地方实力派。谁想在徐州站稳脚跟，必须有臧霸的支持才行。曹操也不例外。虽然曹操可以想办法捉住臧霸，但要保一方平安，还要用他。不仅如此，曹操还把青、徐二州之地都托付给臧霸，让他享有充分的自主权。由此，臧霸的军队也没有接受曹操整编，它还是臧霸的私人武装，但存在于曹军序列中，战时可以协同曹军作战，但指挥调度恐怕只有臧霸发话才行。臧霸也没辜负曹操对他的厚望，在维护地方稳定上尽心尽力，屡建功勋。臧霸还主动向曹操提出让自己和手下的家人迁居邺城，实际上就是去做人质，以此来向曹操表示忠心。臧霸既已如此，他在雒阳的部队怎么会乘虚作乱呢？[1]

臧霸别军之所以会出现在雒阳，应是与建安二十四年的南方战事有关。建安二十四年，关羽对樊城发动秋季攻势，大出曹操意料。并且盛传关羽还派出游击军，已经进入豫州地界，活动在颍川郡的郏县（今河南郏县）一带，此处距许都咫尺之遥。实际情况并非如此，而是战事频仍、征役不断激起了雒阳和许都附近地区——梁、陆浑（今河南嵩县）和郏县的民变。据信报，陆浑民变的首领是一个叫孙狼的人，他与关羽接洽后，接受了关羽的委任，并带兵返回陆浑，袭扰地方。

樊城之围未解，政治敏感地带又出了乱子。曹操有些乱了方寸。在长安的时候，曹操虽然派徐晃增援樊城，但还是放心不下，回到雒阳，便打算再次亲征。就连最坏的一步曹操都想到了，那就是全线收缩，放弃许都，撤回邺城。可想，当时曹操的压力有多大。设想如果当初曹植能受命出征，替父王解倒悬之急，那么，凯旋之日，就将成

---

[1] 关于以臧霸为代表的徐青豪霸，参见田余庆《汉魏之际的青徐豪霸问题》，《历史研究》1983年第3期。

为曹丕伤心之时。

关于亲征,手下臣僚大多认为势在必行,而尚书桓阶则很冷静地分析了樊城守将的心态,认为他们会置之死地而后生,况且援军已经出发,曹操应该遥为之势,而不是亲征。至于迁都,军司马司马懿和西曹属蒋济都认为这是"示敌以弱"的表现,会在社会上造成不必要的恐慌,倒不如利用孙权与刘备之间的矛盾,把孙权争取过来,让他去攻击关羽的大本营,这样也就解了樊城之围。

司马懿和蒋济的见识高人一筹。用兵嘛,不是一定要两军对垒,取上将首级,"兵者,诡道也",熟谙兵法的曹操深得其中的要领,用他自己的话讲:"兵无常形,以诡诈为道。"[1]况且,《孙子兵法》还告诉为将者,什么是取胜的最高境界,那就是"上兵伐谋","不战而屈人之兵",兵不血刃,以奇策秘算,取胜于不战,是为兵之上也。司马懿、蒋济之计就是要达到"不战而屈人之兵"的目的。此计在当时具有可行性。因为孙、刘联盟绝非想象中的固若金汤,而是外亲内疏,要瓦解他们,现在正是千载难逢的好时候,只是要看曹操给不给孙权这个机会。

孙、刘联盟的缔结是在建安十三年,那是尽人皆知的事情。但,时过境迁,刘备势力在江南的存在,已经严重威胁到吴地的安全。任何一个有军事常识的人都明白,控制了吴地的上游,孙吴就不能像防御曹军那样,可以凭借

---

[1]《孙子集注》卷一。

大江之险，从容应对了。孙吴的军事指挥官们，无论是主和派的鲁肃，还是主战派的周瑜，都很清醒地认识到这一点。用周瑜临终前的话来说："刘备寄寓，有似养虎。"[1]因此，只要是曹军对孙吴的军事压力减轻的时候，孙吴方面就要打一打荆州的主意，开始还算是客气，虽然彼此间摩擦不断，但孙吴方面并没有使冲突升级。而诸葛亮早在《隆中对》中就把荆州规划为刘备兴复汉室大业的"用武之国"，刘备又怎可轻言放弃。

在建安十九年刘备取得益州后，孙权派了诸葛亮的兄长诸葛瑾以道贺为名，入蜀再次讨要荆州。刘备则说，不要着急，一定会把荆州拱手相让的，只是现在还不是时候，等打下凉州再说。孙权这次却没有压住火，干脆撕破面子，决定武力解决，任务交给了吕蒙。

吕蒙，是继周瑜、鲁肃之后的吴军大将。孙权一开始认为吕蒙只是个作战勇敢的武夫，但要想做一个称职的军事指挥员，还要多掌握些知识。于是，他就要求吕蒙读书。吕蒙起初很抵触，以自己军务繁忙，没有时间为由，想推托了事。孙权便现身说法，做起了他的老师。孙权对吕蒙说：

> 孤岂欲卿治经为博士邪？但当令涉猎见往事耳。
> 卿言多务，孰若孤？孤少时，历《诗》、《书》、《礼

---

[1]《三国志》卷五四《周瑜传》注引《江表传》。

记》、《左传》、《国语》，惟不读《易》。至统事以来，省三史、诸家兵书，自以为大有所益。如卿二人（另一人为蒋钦），意性朗悟，学必得之，宁当不为乎？宜急读《孙子》、《六韬》、《左传》、《国语》及三史。孔子言："终日不食，终夜不寝以思，无益。不如学也。"光武当兵马之务，手不释卷。孟德亦自谓老而好学。卿何独不自勉勖邪？[1]

有这样一位好老师，吕蒙也决心做个好学生，自此便读起书来。果如孙权所言，吕蒙是个聪明人，读书明智，更何况，孙权给他开列的书目，是史书和兵书，结合自身的实战经验，书本上讲的人和事也就鲜活起来。

鲁肃本来挺看不起吕蒙的，因为在他的印象中吕蒙只会逞一夫之勇。在周瑜病故后，鲁肃接任，路过吕蒙防区，见到了许久未见的吕蒙，二人一番言谈后，鲁肃大为惊佩，士别三日，理应刮目相看，眼前的吕蒙已经是"学识英博"，"非复吴下阿蒙"[2]。鲁肃的夸赞还在其次，吕蒙有了学问，已非昔日"凉州三明"的出将入相了，而是在保持武人身份的前提下，转化为"智勇双全"的儒将。

也就是在这次鲁肃与吕蒙面谈中，吕蒙第一次提出了他经略荆州的设想。但因为"秘而不宣"的缘故，无法一

---

[1]《三国志》卷五四《吕蒙传》注引《江表传》。
[2]《三国志》卷五四《吕蒙传》注引《江表传》。

睹其奥。如果吕蒙设想中有损害孙、刘联盟的地方，也未必能在鲁肃那里有实施的可能。不过，这次孙权不想和刘备唇齿相依了，吕蒙就有了用武之地。

要抢占荆州的地盘，吕蒙成竹在胸，他要"不战而屈人之兵"。在整个行动中，吕蒙没有动一兵一卒，来个先易后难，避开关羽的兵锋，向与孙吴控制区毗邻的荆州东部三郡——长沙、零陵和桂阳发出劝降书，晓之利害，三郡便唾手而得。此时，刘备已迅急从蜀地率军五万进入荆州公安（今湖北公安），并命关羽急入吴地门户益阳（今湖南益阳），与鲁肃进入对峙状态。孙权也亲临陆口（今湖北嘉鱼陆溪镇）督战。孙、刘之间的一场恶战一触即发。偏偏在这个时候，曹操向汉中用兵，刘备无心恋战，便主动划地求和，以湘水为界，孙、刘东西分治。既然有了收获，孙权的火气也消了不少，他也不想让曹操趁火打劫，曹操把刘备消灭了，对自己也没有什么好处，便答应了刘备的条件。作为还要继续维持双方联盟的表示，孙权还挥兵直指合肥（今安徽合肥），对曹操东部防线施加压力，以此为刘备分忧。孙、刘之间的荆州之争也就暂告一个段落。但，孙权不会因为己方势力进入了荆州而得到满足，关羽仍旧控制着江防要地，他可不想养虎为患，只要条件许可，他就要把身边的这只猛虎除掉。

孙、刘之间既然貌合神离，嫌隙已生，曹操决定采纳司马懿和蒋济的建议，给孙权这次机会。曹操的使者就去见了孙权，要和他做一笔交易。与此同时，吕蒙也拟定了一份对关羽的作战计划,上报孙权。这份作战计划的内容是:散布吕蒙回建业(今江苏南京)养病的消息,以此麻痹关羽,使之放松警戒,将留守用来防备吴军的部队调往樊城前线。如此,吕蒙便可率军趁虚而入,一战制胜。

孙、曹之间不谋而合,买卖顺利成交。作为此次交易的内容之一,孙权上书称臣,以讨关羽自效。内容之二,作为对孙权出兵的回报,同时也是为给孙权宽心,曹操下令在东部方面担任防御孙吴任务的居巢(今安徽巢湖)二十六路军向摩陂(今河南郏县东南)方面集结。这二十六路兵马中就包括臧霸军。而这次居巢撤防,对于曹操来说,也具有相当大的风险。在居巢对面的濡须口,是护翼建业安全的军事重镇,孙权在那里屯有重兵。如果孙权毁约,孙、刘两家再次携手抗曹,曹操就将面临三线作战的窘境。真要到那时,曹操的日子肯定不好过!

但曹操撤防,除了给孙权宽心以外,想必还有其他的考虑。一来,在长期对吴作战中,曹操基本掌握了吴军的战法,那就是吴军擅长水战,登陆作战的优势不大,这也就决定了他们对曹军的基本战法:"上岸击贼,洗足入船。"[1]即打得赢就打,打不赢就跑,主要以袭扰为主。反之,曹军的优势是陆战,讲究的是步骑协同,在水网密集的沿江地区,基本无法施展。而回撤至北部平原地带,一旦孙权毁约,吴军弃舟登陆,贸然深入,恰好可以以

---

[1]《三国志》卷五四《吕蒙传》注引《吴录》。

己之长破敌之短。二来，受到桓阶形势分析的启发，大军云集，可以为樊城造足声势，亦可相机而动。事实上，在征调居巢驻军的同时，曹操将麾下十二营兵发往樊城，守备不足也亟须弥补。另外，从集结地点上分析，剿灭洛阳和许都南部山区中的"暴民"，也是要用兵之处。居巢驻军实际上是曹操手中可以使用的总预备队。

而孙权是否会出尔反尔？可能大多数人都不会想到这一点，能够想到的是：孙权要出兵，属于高度军事机密，如有泄漏，关羽及时做出军力调整，一切的努力都会化为泡影。而孙权派至曹营的信使，也着重谈到了这一点。可是，为曹操事业竭尽全力的董昭却有自己的看法，他讲："军事尚权，期于合宜。宜应权以密，而内露之。羽闻权上，若还自护，围则速解，便获其利。可使两贼相对衔持，坐待其弊。秘而不露，使权得志，非计之上。又，围中将吏不知有救，计粮怖惧，傥有他意，为难不小。露之为便。且羽为人强梁，自恃二城守固，必不速退。"[1]董昭此计是一箭三雕——鼓舞樊城将士的士气、瓦解关羽的斗志、防止孙权变计。曹操听后，连连称善，随即派人携带孙权书信赶往樊城前线，命令徐晃向樊城守将和关羽传布孙权出兵的消息。

得到消息的樊城守将，信心倍增。关羽却狐疑满腹。不是说吕蒙已经去建业养病了吗？否则，自己也不会调后

---

[1]《三国志》卷一四《董昭传》。

方留守人马前来攻城。既然孙权出兵，为什么后方会没有传来一点消息？就当下的战局来看，是天助关羽，拿下樊城，指日可待。不能因为敌方的胡言乱语，扰乱了军心，使得前功尽弃。不能撤，不能中了曹操的奸计，等到打下樊城再说。而这也只能是关羽的自我宽慰。

吕蒙的作战计划已经进入最后攻坚阶段。满载吴军精锐的船队，经过精心的伪装，视野所及，摇橹者都是一身平民百姓的打扮，船面之上也只见商贾模样的人，外人根本就看不出这里面竟隐藏着杀机。船队溯流而上，昼夜兼程，关羽沿江所设负责监视吴军动向的观察哨，被一一骗过，也被一一端掉。吴军进展神速，关羽守军却浑然不知。也难怪关羽在樊城前线得不到丝毫后方的消息。吕蒙未费吹灰之力，便先后进占了关羽苦心经营的两处军事要塞——公安和江陵（今湖北江陵），自此切断了关羽的后路。而公安、江陵守将之所以未做丝毫抵抗，只是因为关羽看不起他们，加之他们在后勤保障上没有尽职尽责，关羽已经扬言要惩治他们。与其和吴军拼死一战，为关羽卖命，等着接受关羽的惩罚，倒不如降了吴军。

直到此时，关羽才知道大势已去，家都没了，家眷成了人家的俘虏，军心已散。再看曹军那里，援军陆续来到，兵势转盛，这仗还怎么再打下去？关羽只得承认自己失败了，回不了家，只好取道麦城（今湖北当阳两河镇麦城村）入蜀，结果被吴军劫杀。

关羽兵败，樊城之围宣告解除。曹操顿时释然，没有了压力，心情也变得舒畅起来，当得知徐晃率军班师即将到达摩陂时，曹操亲迎七里之外，并置酒大会。随后，曹操检阅了驻摩陂各军，便回到了雒阳。臧霸别军也应该是在这个时候随行回到雒阳。至于臧霸的去向，很可能是与原居巢各路军一样，驻扎于许都附近郡县中，或是回到徐州。也就是说，臧霸别军的行动似与臧霸没有必然的联系。

再说青州军。初平三年兖州刺史刘岱战死，曹操初临兖州，同黄巾军在济北进行了一场恶战，收黄巾降卒三十余万，取其精锐组建成军的队伍即青州军。这支队伍在后来曹操的南征北战中，可能一直跟随在曹操的身边。青州军应该具有相当的战斗力，但没有直接的材料证明它曾参与过战役，而军纪涣散却是记录在案。那还是在建安二年，张绣先降后叛，曹操所部各军被打散，青州军便打上了友军的主意，不仅打伤了友军，还剥了友军的衣服。青州军敢如此胆大妄为，却是曹操长期纵容的结果。而曹操一向以治军严明著称，况且青州军属于降伍之列，曹操更应该严加管束才是，岂有纵容的道理？看来这个问题没那么简单，青州军在曹操那里确实有着特殊的地位。

要对此问题做出合理的解释，势必要梳理一下黄巾与曹操的关系。而臧霸别军与青州军又有着共同之处，那就是臧霸的军队也有着黄巾的背景，这也正是两军可以在建安二十五年正月携手同去的原因所在。前面讲臧霸的经历时，就讲到臧霸是在与黄巾军的作战中，发展壮大了自己的势力，这中间招募兵勇当然是可行的办法，但要速成，简便的途径只有一条，那就是收编黄巾。

曹操与黄巾：太平理想与天下大业

曹操与黄巾见面的时间可以追溯到光和七年，黄巾起义爆发后不久，曹操被认命为骑都尉，入颍川作战。而黄巾第一次同曹操进行对话的时间则要推迟到初平三年。那一年，百万青州黄巾入兖州，兖州刺史刘岱阵亡，曹操在州吏的拥戴下，主持起兖州事务。但那时的曹操还势单力孤，手下多是些不习战阵的新兵，想战胜黄巾，可不是件容易的事情。为了激发士气，曹操亲自披挂上阵，有功者赏，怯阵者罚，这一招产生了奇效，士卒有了精气神，打仗也就勇猛起来，黄巾的锐气则受到挫伤。他们便给曹操去了一封信，希望曹操弃暗投明，信文大义如下：

184年

> 昔在济南，毁坏神坛，其道乃与中黄太乙同，似若知道，今更迷惑。汉行已尽，黄家当立。天之大运，非君才力所能存也。[1]

---

[1]《三国志》卷一《武帝纪》注引《魏书》。

在这里，黄巾似乎已经摒弃前仇，对于曹操镇压黄巾的历史既往不咎，而是把这之后曹操做济南相期间，禁断淫祀，毁坏民间所立城阳景王刘章祠屋的事摆了出来，俨然是把曹操当作同道中人来对待，稍有不同的是，曹操没有继续走正道，而是受到了迷惑。黄巾现在要做的事情，就是让他迷途知返。故而，黄巾特意在信中向曹操宣讲了一遍本教的革命口号："汉行已尽，黄家当立。"初看起来，此口号似曾相识，但它已非昔日的模样。

我们知道，为了发动光和七年的那场几乎席卷整个东汉帝国的大起义，黄巾领袖张角准备了十余年。张角本人是早期道教门派之一太平道的"掌门"级人物，他公开的身份是一名医生，《后汉纪》称之为"大医"。大概张角是以行医之名，来传道布教。而东汉后期政治不清明，加之天灾人祸不断，底层百姓的日子可不好过。张角能为他们疗伤治病，还能给他们以精神上的安慰，使他们有了对未来太平社会的憧憬，信从者众。那时张角传道，并不是秘密进行，而是公开地，在很长一段时间内，还是得到官方嘉许的一种行为，被视为"善道"。就这样，张角广收弟子，使之云游四方，建立起遍及青、徐、幽、冀、荆、扬、兖、豫八州之地，规模庞大的教团，在教团内部实行军事化管理，即史书所说的"置三十六方。方犹将军号也。大方万余人，小方六七千，各立渠帅"[1]。并且在信徒

---

[1]《后汉书》卷七一《皇甫嵩传》。

中传播着十六字密语——"苍天已死,黄天当立,岁在甲子,天下大吉"[1]。

这十六字,如何转化为革东汉帝国命的动力,可能在张角和他的信徒那里,尤其是张角及其弟子和三十六方渠帅之间有着一个特殊的解密方法,以便在甲子年,也就是光和七年,三十六方同时起事。之所以这么说,是因为,如果按照字面意义来理解,就会产生疑问,问题就出在这有颜色的天上。在张角所处的那个时代,要想革命成功坐天下,虽然使用武力是不可缺少的手段,但谁也不想让新朝沾上血腥气,掩饰还是必要的。况且,得了天下,解释权就掌握在胜利者的手里,怎样说得好,就怎样说去好了。即便是在预谋或是发动的过程中,能在舆论上占得先机,也当尽力为之。而中国古代先哲们的政治思维已经足够发达,他们早已创造出足以令人眼花缭乱的理论,在那复杂的推理和无限的联想中,由不得任何人心存侥幸。要证明新政权的合理性吗?最好不要用你手中的刀枪说话,合理不合理,这是有规律可循的,最终的仲裁者不是人,而是天,"凡帝王之将兴也,天必先见祥乎下民"[2],人间要是出现个什么龙啊,凤啊,麒麟啊,这都是祥瑞之兆,天之所命,做天子的依据也就有了。当然,这还只是现象,如何表示出新旧更替的必然性,才是那些想做新天子

---

[1]《后汉书》卷七一《皇甫嵩传》。
[2]《吕氏春秋·有始览·应同》。

的人最为关心的事情。

这也不难，先哲们自有发明，他们引入了五种元素，推演出了两个公式。五种元素是：水、火、木、金、土，是为五行。大家都熟悉它们，看得见，摸得着，知其色，识其形。而在先哲的构思中，五种元素之间存在循环往复的相生、相胜的关系，就此可得出两个公式：一是，五行相生：水生木，木生火，火生土，土生金，金生水；二是，五行相胜：水胜火，火胜金，金胜木，木胜土，土胜水。有了这样的公式，五行就可以进入历史进程，一切也就变得好办多了。只要规定一个起点，接力赛就可以永不停息地进行下去了，跑第一棒的当是有史记载的第一位帝王或理想君主，有资格参赛的，都会顺序占得五行中的一行，从而实现奉天承运，以德配天，是为五德终始。而能够得天下者，无非通过两条途径：一条是依靠武力征伐，打下天下；一条是通过政权的和平交接，易姓而王。前者可取五行相胜之义，后者可归入五行相生之列。

想做天子的人不理会这套理论，行吗？前面讲曹操军府一章的时候，曾经谈到汉光武帝刘秀称帝的事情，耿纯的进言已经很直白了，也打动了刘秀的心，但万事俱备，只欠东风。这东风是什么？就是要有天命，要让刘秀在五行中站住脚。而东风很快就刮了过来，刘秀的同学很及时地给他送来写着"刘秀发兵捕不道，四夷云集龙斗野，四七之际火为主"[1]的《赤伏符》，符文就是天意，刘秀得了五行中的火德，可以接棒了。按规则讲，继汉者应有土德。张角所传的十六字密语中，就有"黄天当立"，土色为黄，这么说，张角要按规则参赛了，他苦心积虑十余年，为此一搏，也在情理之中。

但，不可解的是：为什么死的是苍天？苍为木色，而汉为火德，其色尚赤，死的应该是赤天才对。因而，就有研究者认为，张角本来讲的就是"赤天已死"，只是上报朝廷的人把"赤"改作了"苍"，怕那敏感的字眼，触龙鳞。也有研究者不赞成这一说法，认为在不改字的前提下，"以黄代苍"也能说得通，只是不能按相生、相胜的解法，而采用当时知识界所讲的五行王相休囚废，即汉主火德，火生于木，木盛于火，木死火熄。更有研究者从时令节气更替变化上，讲五运主时，土王四季，也就是每季最后十八天归土管，木主春，这样就可以推算出"以黄代苍"的时间点，即三月甲子，那十六字密语也就成了张角发动起义的通知书。另有研究者认为，不必去套五行的理论，张角起于民间，何必受那条条框框的束缚，"苍天"就是老百姓通常说的"老天爷"，而"黄天"就是早期道教徒信奉的尊神，也就是青州黄巾在训导曹操时，抬出的那位"中黄太乙"，其在人间的代表就是张角，因为张角

---

[1]《后汉书》卷一上《光武帝纪》上。

自称"黄天泰平"[1]。

看来,解密的方法不同,就会得出不同的答案。这十六字密语还真成了一个谜。青州黄巾会不会在旧口号的认识上,出现分歧?而青州黄巾晚起,那十六字密语又具有时效性,要想使用,恐怕是要再等一个甲子了。并且青州黄巾与老黄巾之间还存有过节,当年张角之所以无法按照约定的时间起事,是因为内部出了叛徒,这叛徒就来自青州,是张角弟子,济南人唐周。此人当是黄巾中的重要人物,或是一方渠帅,掌握着黄巾的机密,也应当是能解密十六字密语的人,他向官府告密,才使得张角不得不提前起义。也正因为青州出了个唐周,青州黄巾理应受到怀疑,遭到排斥,同时没有参与光和七年起义的还有徐州黄巾。从建安二十五年青州军和臧霸别军携手"击鼓擅去"分析,青、徐黄巾似有某种渊源,或本为一家也未可知。

而青州黄巾提出的"汉行已尽,黄家当立",较之老黄巾的十六字密语,简单明了,没有什么可以产生歧义的地方,只需套用五行相生的公式,汉行为火,火色为赤,以黄代赤,这是规律,曹操能不为之心动吗?初平三年的

---

[1] 关于黄巾口号,可参见刘九生《黄巾口号之谜》,《陕西师范大学学报》(哲学社会科学版)1985年第2期;方诗铭《黄巾起义先驱与巫及原始道教的关系——兼论"黄巾"与"黄神越章"》,《历史研究》1993年第3期;姜生《曹操与原始道教》,《历史研究》2011年第1期等。

曹操，已经不再是在关东联盟中指斥诸路大军不思进取的曹操，不再是充满道义理想，非要拥戴献帝的曹操，此时的曹操是要占据大州，有着自己政治规划的势利派。青州黄巾的口号对于曹操来说，听起来很顺耳，但它却不合时宜，起不了当年《赤伏符》所起的作用。曹操的当务之急是迅速壮大自己，而眼前的青州黄巾纵横驰骋了五个年头，素号"精悍"，能收为己用，今后才能做想做的事。让曹操弃暗投明，改邪归正，那要看看是青州黄巾强，还是曹操更胜一筹。这便有了济北受降一幕，曹营中也就此有了一支番号为青州的黄巾军。更应引起注意的是，他们的口号还将再次响起，只是那时候曹操已经去世，新魏王已经确立，汉魏政权正处于交接的过程中，它已经转化为曹魏官方的声音。此点留待后述。不过，令人惊奇的事情，却早已发生。黄巾的革命蓝图在曹操的政权建设中留下了一丝痕迹。

在目前所见谈到黄巾的材料中，晋人干宝所撰《搜神记》中有这么一则文字：

> 至于灵帝中平元年，而张角起，置三十六方，徒众数十万，皆是黄巾，故天下号曰"黄巾贼"，至今道服，由此而兴。初起于邺，会于真定，诳惑百姓曰："苍天已死，黄天立。岁名甲子年，天下大吉。"起于邺者，天下始业也，会于真定也。

这里的大部分文字，与通常所讲的黄巾形式没有区别，即使是那著名的十六字密语，也只是在非关键字上有出入，意义是一致的。值得关注的是"初起于邺，会于真定"，邺和真定均为地名，邺不必说了，它在汉末名声大噪，先后成为袁绍的地盘和曹魏政权的所在地。真定（今河北正定），位于邺城以北，在东汉属常山国，在建安十八年划入魏公国。这句话莫非就是黄巾起义的路线图？从正史所载黄巾起义前，荆、扬二州信徒向邺城集结来看，这种推断是可成立的。而邺、真定，足以令人听音生义，这也符合当时人的思维习惯，认为只要来到了邺，就将开始掌控天下，到了真定，黄巾大业也就完成了。

虽然以后发生的事情，并没有遂了黄巾的心愿，天下大吉也遥遥无期，但邺城这天下始业之地，却没有失去它的魅力，走了一个袁绍，来了一个曹操。他们二人虽然表面上遮遮掩掩，不愿当众承认自己是要做天子的人，但还不都是一门心思琢磨着要把这汉家的天下据为己有。袁绍自认为是有符命在身的人，在他可以目空一切的时候，有人进言："赤德衰尽，袁为黄胤，宜顺天意，以从民心。"[1]袁术也因为那句"代汉者，当涂高也"的谶语，真的做起天子来，等到落魄了，还不忘"袁氏受命当王，符瑞炳然"[2]。这帝号可真是舍不得啊！但虽然自己看不起兄

---

[1]《后汉书》卷七四上《袁绍传》。
[2]《三国志》卷六《袁术传》注引《魏书》。

长，终归是自家人，给了他，这天下还是姓袁。何况他迷了心窍，释读错了谶文的文意，只想到了当涂和他的字合辙，却忘了当涂高是来表物的，此物叫魏，阙名。东汉的邺城属魏郡所辖，袁术把帝位让给袁绍，看来又有些物归原主的意思了。而曹操明说了自己不信天命，但底下人愿意怎么说，就怎么说去好了，最好是大家都相信了"汉以许昌失天下""代汉者，当涂高也"。曹操得了邺城，就立马将自己的军府移置过来，可不是为了躲开许都的汉献帝，自己图个清静。自从有了邺城，曹操可不就是呼风唤雨，做丞相，做魏公，做魏王，能简单地认为曹操是因为地处魏郡，而取国名为魏吗？离许至邺，到了这天下始业之地，所有的谶语都将在曹操手中变为现实。

此外，在初平二年，青、徐黄巾三十万取道勃海郡，要实现与冀州西部山区的黑山军会师。黑山军的实际控制区域包括常山国，而黑山军的首领就是真定人张燕。看来，岁月的消逝，并没有改变真定作为黄巾太平理想的归宿之地的地位。张燕后降曹操，在曹营中尽享荣华富贵。

话说到这里，就不能把曹营中的黄巾仅仅看作一支军事力量，它还是曹操所借助的一支政治力量，尤其是在开疆拓土、羽翼丰满之时，曹操已经进入到"奉天子"的瓶颈中，如何冲破它，实现汉魏政权的平稳过渡？黄巾自身所携带的"变天"理念，正是曹操所需要的政治资源。至此，是否可以为黄巾和曹操的关系画上一个句号了呢？还是有些为时过早。

黄巾还有一个不应被忽视的定位，那就是它是一支宗教力量。黄巾成员作为早期道教的信徒，在当年的起事中，"弃卖财产，流移奔赴，填塞道路"[1]，"殊不畏死，父兄殒毙，子弟群起"[2]，这就是宗教狂热者的表现。那动辄几十万、上百万的黄巾洪流，武力镇压只能起一时之效，要安抚，就需要有一个长久之计。而曹营中有黄巾，这不就等于表明了官方的态度：黄巾是自己人，而不是乱民。但仅是这么做了，只是收人不收心，黄巾是降伍，总会有寄人篱下的感觉，一旦那沉积在心里的宗教情感再次迸发，可如何是好？收心的法则，可不是封官许愿那么简单，让黄巾相信他们的太平理想会在曹操手中实现，这才是计之上也。曹操能做到这一点吗？

此意的确无法从曹营黄巾身上找到直接的证据，但曹操身边还有一批非黄巾系统的道教徒，他们却能为我们提供这样的线索。这批道教徒来自早期道教的另一门派——五斗米道。

五斗米道的得名，来自入道的一个程序，即要想受道，就要贡献出五斗米。其开山祖师是曹操的沛国老乡，来自丰县（今江苏丰县）的张陵。他自称"天师"，传道区域主要集中在巴蜀地区。在那里，张陵建立了教团组织——治，道术也基本与太平道相仿。从史书和道教文献

---

[1]《资治通鉴》卷五八《汉纪》五〇。
[2]《三国志》卷八《陶谦传》注引《吴书》。

上看，这"天师"的身份应该是世袭的，父传子，子传孙。等传到张陵孙子张鲁那里，碰上了汉末天下大乱。至于五斗米道是否像太平道那样，提出了自己的政治主张，现在还不清楚。但在张角宣布起事之后，五斗米道也做出了响应，此次行动的领导人虽也姓张，却不是张天师，而是巴郡人张修。张修被称作"五斗米师"，应是教中的大人物，教区在汉中。后来，张鲁来到汉中，接管了张修的教众，而张修很可能是被张鲁杀了。当时张鲁的身份是益州牧委任的军官，这官的身份一直到建安二十年曹操接受张鲁投降时也没有变过，只是在这中间，张鲁又升官了，做了镇民中郎将，领汉宁太守。当然，这只是一个形式而已，这么多年来，张鲁也和其他州郡牧守一样，割据一方，把汉中变成了他进行宗教统治的试验田。

在张鲁降曹前后发生了一些事，从中大致可以看清五斗米道与曹操之间的关系。建安二十年，曹军大兵压境，张鲁萌生降意。但有人认为，应该去投奔已经占据益州的刘备，张鲁听后，大怒，说："宁为魏公奴，不为刘备上客也。"[1]这句话应该怎样来理解？张鲁怎会这么坚定地要臣服曹操呢？此前，即建安十八年曹操进爵魏公建国，传到汉中的消息却说曹操做了魏王，五斗米道的几位上层人物经过分析，一致认为这消息不可靠，为什么呢？因为"定天下者，魏公子桓，神之所命，当合符谶，以应天

---

[1]《三国志》卷二《文帝纪》注引《献帝传》。

人之位"[1]。曹操称魏公的源头，到了五斗米道这里，却这么简单，原来是天命在起作用。张鲁对此很认真，一定要找到出处，便有人告诉他，此意出自孔子《玉版》。时人所谓《玉版》即《春秋玉版谶》，流传下来的谶文有一条，即"代赤者魏公子"，而上述分析话语中似乎多出了一个"桓"字。言之凿凿，符命所佑，作为上天的使者，张鲁能失去天人联系的机会，做出有违天意的选择吗？更何况，谶文所言，让人浮想联翩，究竟谁是那位魏公子呢？

张鲁率众降曹。曹操待他也不薄，让他食邑封侯，还给了他一个"荣誉"的官职——镇南将军，并对张鲁的儿子们和教中上层人物予以优宠。曹家的儿子还娶了天师家的女儿，这位曹家子后来还成了魏明帝钦命的辅政大臣，他那有着天师血统的儿子就是曹魏的末代皇帝。另外，五斗米道的信徒被迁至北方安置，而且他们的组织似乎并没有被取缔，仍旧是以"治"的形式保留了下来。就张鲁来说，也应该得到满足了吧！

但令人生疑的是，张鲁是在建安二十年十一月降曹，应于同年十二月随同曹操离开汉中，曹操是在翌年的二月份回到邺城，张鲁却在这一年，即建安二十一年去世，具体月份不详，死后被葬于邺东。张鲁的死，实在过于突然，此前没有一丝征兆，而且对于能持长生之术、祛灾禳病的天师来说，死，对于他来说，似乎永远都是遥远的。

---

[1]《三国志》卷二《文帝纪》注引《献帝传》。

那么，张鲁的死，系自然死亡，还是一次意外？

建安时期的意外死亡大致可以分为两种：一种是非人为因素在作祟，像一场瘟疫的降临，在它面前，生命就变得脆弱起来，而瘟疫和战争似乎又有着孪生的关系，建安二十二年曹操南征孙权，在居巢前线，瘟疫横行，曹军几乎遭受了毁灭性的打击，一大批随行的曹府要员先后染疾身亡，其中包括司马懿的兄长司马朗，以及建安七子中的王粲、徐幹、陈琳、应玚、刘桢等人，曹丕后来在给吴质的信中提到此事，也是悲从中来："昔年疾疫，亲故多离其灾，徐、陈、应、刘，一时俱逝，痛何可言邪！"[1]类似的灾难在建安二十一年并没有发生过，此种类型的意外发生在张鲁身上的可能性，也大体可以排除。

还有一种意外，就是人为所致，或更精确地说，是曹操希望某人结束生命。前文已经讲了很多，像荀彧，曹操的首席谋士加密友，居然会神秘地死去；像崔琰，实在是没有治他的罪名，只好按"腹诽心谤"论处……而崔、荀二人在曹氏政权中是何等的地位，受到过怎样的尊崇，他们都可以遭遇意外，更何况像张鲁这样的新近归附之人，并且他还是对曹操具有潜在威胁的人。试想，教主在，五斗米道的骨干成员在，组织仍旧健全，还有为数众多、背井离乡的信徒，曹操会坦然处之吗？恐怕不会。怎么办？其实很简单。从五斗米道后来的文件来看，张鲁死前，已

---

[1]《三国志》卷二一《王粲传》注引《魏略》。

经完成了一项对曹操来说极其重要的工作，此文件这样写道：

> 魏氏承天驱除，历使其然，载在河洛，悬象垂天。是吾顺天奉时，以国师命武帝行天下，死者填坑。既得吾国之光，赤子不伤，身重金累紫，得寿迁亡，七子五侯，为国之光。将相掾属，侯封不少，银铜数千，父死子系，弟亡兄荣，沐浴圣恩。[1]

文件是写给本教中人看的，自然要讲些有"骨气"的话，但要解答的核心问题却是为什么要降曹。实际上，就是要打消信徒的顾虑，使之真心归化。这里的依据，无非还是重复的谶语符命，只是张鲁成了天意的传达者，曹操成了执行者而已。按照五斗米道的逻辑，或可建立这样一种关系：天——张鲁——曹操。而在张鲁死后，上天的使者由谁来担当呢？事实上，天意既已传达，这一环节已无必要，存在反倒是多余了，天与曹操之间直接沟通势在必然。张鲁之死莫非是上天有为？加之，张鲁诸子年幼，由天意的执行者和天师的亲家曹操来代理教中事务，似乎没有什么不妥的地方。况且，天意很清晰地指示着，教中信徒只有跟定曹操，才能享受荣华富贵。信徒们能违背天意吗？

---

[1]《道藏》第18册《正一法文天师教戒科经·大道家令戒》。

五斗米道的信徒不敢，黄巾也不能逆天而行，曹操既然被认定为上天的宠儿，太平理想也只有靠曹操才能实现。这样一来，在两派已无教主的情况下，上天的宠儿莫不就是事实上的教主了吗？但，这也为后来制造了麻烦。

曹操虽然也想"思得神药，万岁为期"[1]，但这也只是幻想，在建安二十五年正月庚子，上天的宠儿永远地去了。天人联系出现了中断，道教徒陷入迷茫之中，虽然传说中有一个"魏公子"，但他是谁？曹操的遗令中没有点名，在邺城的太子还没有什么动静，曹彰却已经来到洛阳，公然要为曹植抢夺那至高无上的权杖。何去何从？形势尚不明朗，还是一走了之吧！这便有了青州军和臧霸别军的"击鼓擅去"。

校弦定音：汉魏政权交接

有着黄巾背景的两支部队"击鼓擅去"，对雒阳行营产生了巨大的冲击。这很容易让人认为动乱在即。于是，就有人建议，当机立断，予以阻止，如若不从，可剿灭"叛军"；还有人说，要想稳定形势，万全之计，应撤换所有现任地方长官，由曹氏的乡亲，也就是谯、沛人来接管地方政权。

---

[1] 曹操《秋胡行》。

行武力镇压之举，贾逵认为没有必要，并当场拍板决定，对青州军和臧霸别军予以安抚，随即发文，指令沿途不得为难两军，还要做好军需供给。

地方长官大换班，如果真实行起来，那可真要天下大乱了。一来，谯、沛人在地方政权中所占的比重不大，在此非常之时，行换班之举，地方滋生抵触情绪必不可免，一旦激化，局面将不可收拾；二来，没有必要，曹氏政权是一个军国体制，控制军队就等于控制了国家，谯、沛人在军队中多担任要职，这已经足够了。此议一出，立刻遭到有识之士的严厉驳斥："今者远近一统，人怀效节，何必谯、沛，而沮宿卫者心。"[1]说话的人叫徐宣，时任魏郡太守。

其实，纷纷扰扰，有些避重就轻了，说严重点，就是越俎代庖。当前的主题是什么？还不是迎立新王。所有的变故也都是围绕这一主题出现的。虽然先王在遗令中没有涉及新王继立的事情，但国有储副，太子继位理所当然。再迟疑一步，曹彰那里就要有所行动了。

回到主题，似乎又要陷入争执。有人认为，太子继位，可以啊！但应该按照程序来，需要有天子的诏命。虽然大家都知道汉天子是个摆设，但既然被抬了出来，谁又能说这样做不对呢？魏国在名义上就是汉的一个藩国，新魏王继位就需要汉天子来任命，这是制度。而其实际用意

---

[1]《三国志》卷二二《徐宣传》。

却不是要遵章办事吧,如能遂其所愿,起码可以延缓魏太子继位。这样看来,有这种想法的人,不是曹植一党,也应该是曹彰的亲信。关键时刻,各为其主。太子党又会做出怎样的反应呢?

魏尚书陈矫听罢"太子即位,当须诏命"的言论,接言道:"王薨于外,天下惶惧。太子宜割哀即位,以系远近之望。且又爱子在侧,彼此生变,则社稷危矣。"[1]在前面述及太子党时,陈矫并未名列其间。但,此人能够得到曹操的赏识,却有赖于太子四友之一陈群的推荐。有此一节,二人就要风雨同舟了,一荣俱荣,一辱俱辱。陈群后来成为太子党的核心成员,陈矫自然也要去效忠太子。陈矫此番陈述,也足以说明问题。

当年曹丕、曹植兄弟争储时,各建党羽。两党之中不可缺少的人物就是负责人才选举的官吏,即相府东西曹掾属,曹丕那里东曹的人多些,曹植那里有西曹掾丁仪。这是以点带面的做法,选曹官吏起一个穿针引线的作用,可以为曹丕或曹植编织一张巨大的关系网,像陈群起家为曹府西曹吏,他举荐陈矫,陈矫又有同乡好友徐宣,陈矫做过相府西曹属、魏尚书,徐宣做过相府东曹掾,再从他们二人这里发散出去,党附曹丕者何其多啊!同理,植党的人也不是个小数目。虽然曹操明令禁止"阿党比周",但出现了这样的局面,恐怕他也无能为力,只能睁一只眼,

---

[1]《三国志》卷二二《陈矫传》。

闭一只眼了。荀彧就是一个很好的例子，曹操可以认为荀彧是自己建国道路上的绊脚石，但曹操能像除掉孔融那样，明目张胆地给荀彧定个罪名吗？不能。牵一发动全身，曹府要员谁人和荀彧没有关系？所以只能在特定场合中——前线，特定情况下——荀彧染疾在身，为荀彧安排一个结局。这里做出这些解释，算是对太子党的一个补充。

再说陈矫的那番话。针对性很强，他把提议者要掩盖的问题摆了出来，要请出汉天子来，那只不过是缓兵之计，为的就是给"爱子"生变留出时间。这绝无可能。为社稷着想，就要特殊情况，特殊处置。事不宜迟，说办就办。这也就等不得太子赶来雒阳了，即位程序随之启动，史称"一日皆办"[1]。但忙活了一天，总有点臣立君的嫌疑，又不能假人以可乘之机，回到天子诏命的思路上，怎么办？到第二天，解决的办法就有了。那就是请在雒阳行营中的曹丕、曹彰和曹植的生母卞后出面，母亲总不希望看到亲兄弟为了争夺王位，弄到彼此火拼的那一步吧！母亲说句话，曹彰还要做个听话的孩子。卞后发令，策太子即位。

开篇第一章就讲到，东汉中后期的皇位继承陷入到一个怪圈中，谁当新皇帝，要由皇后和外戚说了算。在东汉帝国行当寿终正寝的时候，历史又顽皮地帮助代汉

---

[1]《三国志》卷二二《陈矫传》。

的魏复习了一下过去的课程。但此时此地王后出令，与此前的做法却不可相提并论。这只能算是太子党想出来的权宜之计，缺乏制度的支持，很容易受到攻击，被视为假即位。

就在雒阳行营紧张忙碌的时候，邺城方面也已经行动起来。曹操去世的噩耗传来，留守邺城的魏臣们顿时哭作一团，曹丕更是伤心过度，泣不成声。这时，司马懿弟司马孚站了出来，此时的司马孚已不在曹植侯府供职，而成为太子属官。司马孚很清醒，知道这时候乱不得，一乱就要出错，出了错，那就是致命的。当此之时，他首先要做的事情，就是让曹丕平静下来。

司马孚说："大行晏驾，天下恃殿下为命。当上为宗庙，下为万国，奈何效匹夫之孝乎！"[1]曹丕被惊醒，慢慢止住哭声，恢复常态。

接下来，司马孚面对群臣，放大嗓音，说："今大行晏驾，天下震动，当早拜嗣君，以镇海内，而但哭邪！"[2]语意简单明了，毫无商议的口气，现在不是哭的时候，大家赶紧擦干眼泪，准备太子即位吧！

一切都像是事先安排好的一样，有条不紊地进行着：内外戒严，发丧致哀，曹丕即位。

拉拉杂杂说了这么多，似乎头绪很多，但这些事

---

[1]《晋书》卷三七《司马孚传》。
[2]《晋书》卷三七《司马孚传》。

情——曹操去世，贾逵力主发丧，青州军和臧霸别军"击鼓擅去"，曹彰赶至洛阳抢夺权力，太子党控制局势，开启太子即位程序，卞后发令，以及邺城方面司马孚主持大局，曹丕由储转正，都是在正月庚子和辛丑两天内发生的。到建安二十五年正月壬寅，曹操去世后第三天，曹丕为"丞相、魏王、领冀州牧"的天子诏命就由曹操生前安置在许都的华歆带到了邺城，算是补齐了手续。过后，献帝宣布改元延康。建安时代落下帷幕。

220年3月17日

表面看来，雒阳、邺城和许都仿佛是独立的三线，缺少必要的联系。从三天发生的事件看，曹魏的政权机器处于高速运转中，雒阳太子党是此次曹丕即位的策划者和组织者，合理的推测可能是这样的：

1.在雒阳太子党将曹操去世的消息传到邺城的时候，想必会将他们对当时形势的分析和下一步要采取的行动，密告曹丕。位卑职轻的司马孚能脱颖而出，临危不乱，处之泰然，他那位在洛阳"纲纪丧事"的二哥司马懿，想必给了他必要的交待，为太子筹划即位事宜。

2.从许都使者未至雒阳，而去了邺城这一点上讲，曹丕即位的主场呈现虚实两面。虚的一面在雒阳，雒阳太子党用王后令来取代天子诏命，在太子缺席的情况下，宣布太子即位。正如前文所说的那样，王后令虽可起一时的作用，但缺乏制度的支持，考虑到雒阳是当时多方力量的集合之地，太子党此举显然要牵制异己势力，吸引他们的注意力，目的就在于保障邺城曹丕即位的顺利进行。加之雒阳较之邺城，地近许都，雒阳太子党秘密派员责成许都做出响应，宣诏邺城，弥补即位环节上出现的漏洞，也在情理之中。实的一面则是在邺城，那里是曹丕即位的真正主场。

不管怎么说，曹丕已经坐到了魏王的宝座上，从建安十六年做五官中郎将，有了接班的可能算起，至今已经有十个年头了，当初还是二十出头的青年，如今已过而立，三十有四。不过，还好，总算功夫不负有心人，自己如愿以偿，那提心吊胆、如履薄冰的日子一去不复返了。照曹丕的性格，免不了又要高兴一阵子。

但不能太得意忘形。父王的梓宫安葬在即，这要花些时间；刚刚真实地接管了偌大的产业，要操心的事情肯定会不少。而且，新王即位总要有些新气象吧！曹丕也不想免这个俗，他也的确在短时间内营造起了除禁减税、普惠百姓、赏赐臣工的祥和气氛。但，在即位前奏响的同心曲中，曹丕分明是听到了几个不谐和的音符，实在有些刺耳，这总不能置若罔闻，做一次调弦校音显然势在必行。

就在邺城，参加完父王的葬礼后，曹彰和曹植便接到正式通知，明令诸侯归藩就国。自此，想做将军的人，只能在梦中回到"吹角连营"，他将永无带兵之日；想与政治结缘的人，从此也将与政治无缘。几年后，兄弟再见面时，传说曹彰吃了曹丕下毒的枣，死了。曹植为活命，被迫吟出七步诗："煮豆持作羹，漉菽以为汁。其在釜下然，豆在釜中泣。本自同根生，相煎何太急？"[1]

亲兄弟已无情可言，就更不用说此前和曹丕唱过对台戏的异姓人了。那位曾经让曹丕吃了苦头的丁仪，下场更加凄惨。丁仪不是愿意打个小报告，精于无中生有之道吗？那好，曹丕就让他做个右刺奸掾，这可不是要做到人尽其才，而是要以其人之道还治其人之身。刺奸号称险职，举人过失的工作不好做，做错了，丢官还在其次，命也保不住。丁仪知道其中的利害，请托说情，晚了，曹丕已经下了狠心，丁仪必死，不仅如此，丁仪的弟弟丁廙以及丁家的男丁统统被杀。还有曾经在曹操面前说过曹植好话的杨俊，虽然在建安二十四年因魏讽案被降职使用，曹丕一时也没有想到去为难他，但他仍旧没有逃脱恶运，等到曹丕想起的时候，三年已过，杨俊被逼自杀。

看来，真正要调弦校音，唯美的情调也就消失了，发生些磕磕碰碰的事在所难免。曹丕的"忘情"，曹丕的"冷血"，都是为了给到手的权力加上一个保险。而这仅仅是他调弦校音的一部分。

与此同时，确保对两府及军队的控制，也在紧锣密鼓地进行着。任人唯亲成为曹丕的不二之选。这里的"亲"，以太子党为主体。而此前太子党人大多在军政两界位居权要，这省去曹丕不少气力，只要做些必要的人员调配，即可以做到万无一失。就这样，贾诩做了太尉。太尉一职，

---

[1]《世说新语·文学》。

在东汉位列三公之首，贵为上司，曹操做魏王时未设，这可能有其个人的因素。曹操的父亲曹嵩做过灵帝朝太尉，如设此职，曹操恐怕在感情上不能接受。曹丕上台伊始，不仅设了这个职位，而且首任者竟也出人意料，想到贾诩，为官者该有一个清醒的认识，曹操的时代已经过去，他们的新主人已经在发号施令了。陈群被调入尚书台，制定了一部九品官人法，成为认定官僚资格的新标准。而魏尚书台中，尚有桓阶、常林、陈矫等人，中枢固若金汤。相府中，也新任命了两位长史，总理府务，他们是：原军司马司马懿和原元城令吴质。由此二人坐镇，曹丕自可安枕无忧。

在军队，虽然谯沛老将仍旧受到了曹丕的重任，但党附曹丕的少壮派被委以方面之任，也是不争的事实。谯沛老将中的夏侯惇升作大将军，只是天不假寿，夏侯惇未及效命，便去世了。曹丕迅即任命还在为母服丧的曹休为镇南将军，都督诸军事，前往接管防务，史称："休丧母至孝。帝（曹丕）使侍中夺丧服，使饮酒食肉，休受诏而形体益憔悴。"[1]为了让曹丕安心，曹休是做不成孝子了。在南边，曹丕的叔父曹仁，这位年前力保樊城不失的守将，升作车骑将军，并且有了更大的军事指挥权，都督荆、扬、益州军事，而其防区恐怕不会这么广大，重心应仍旧在襄樊一线。在西部，曹真做了镇西将军，假节都督雍、

---

[1]《三国志》卷九《曹休传》注引《魏书》。

凉州诸军事。所谓假节，是一种权力的体现，一旦遇有战事，可无须请示，斩杀不从军令者。郭淮作为镇西长史，成为曹真的助手。夏侯尚则接替曹休成为中领军，主持起曹军大本营的军务。

此外，曹丕还要考虑到地方的稳定。此前虽有更换诸城守的提议，但令人生疑，被太子党人认为是别有企图。而今，曹丕即位，地方是否会有异动，他又不能不打一个问号。于是，新王的使者出现在地方，奉命纠举不法。曹丕还要为地方官树立一个典范，此人就是贾逵。鉴于贾逵在非常之时的非常表现，曹丕在一年当中四易其职，治理邺城，担任魏郡太守，担任丞相主簿、祭酒，出任豫州刺史，都是关键岗位，而且贾逵的作为，尤其是在豫州任上，令曹丕极其满意，他也就得到了"真刺史"[1]的评语。有了这样的"真刺史"，其他地方官效仿即可。

从上到下，由内而外，排除异己，信用亲党，稳定地方，曹丕做了这么多，他的调弦校音也该结束了吧！似乎还不圆满，调弦校音的目的是什么？还不就是为了那没有丝毫杂音的同心曲再度奏起。

这一年注定会让曹丕兴奋不已。他做了魏王后不久，在他的家乡谯县，出现了黄龙。而此现象早在四十五年前就在当地发生过，那时也曾惊动朝野上下，但黄龙是祥瑞之兆，似乎不应该对此有什么非分的想法，但当时负责天

---

[1]《三国志》卷一五《贾逵传》。

象观测的太史令却私下里预言："其国后当有王者兴，不及五十年，亦当复见。"[1]太史令的话果应验了，黄龙再现于谯，谯人中又有人做了王，只是那能刺激人视觉神经的颜色，此时已不一般，分明是在传达人人都懂得的天意。而随着黄龙的出现，白雉也出现了，外族也遣使奉献，"山贼"也自行投降，一切都像约好了一样，烘托着这样一个事实：曹丕可不能再做他的藩国之王了，而应成为真正的天子。

如果说，还有什么遗憾的话，那就是父王生前所愿得不到实现，曹丕成不了又一个周武王，因为已无伐"纣"的必要，汉廷早已被掏空，魏廷早已成为事实上的新朝廷，曹丕所要做的，只是和汉献帝来一次形式上的政权交接。

既然如此，曹丕就赶快抚弦奏曲吧。但曹丕却叫了暂停。为什么？因为曹丕要带兵出征。可是，出征总要有对手才行，当时又是谁能够对曹丕构成威胁，非要他动武不可？

从《三国志·文帝纪》中的记载看，六月辛亥日，曹丕在邺城东郊举行了盛大的阅兵式，但并没有即刻发兵，而是在二十天后，即六月庚午日，曹丕才率军"南征"。看来，军情并不紧急。而此次"南征"的战场在哪里？《文帝纪》中竟然没有丝毫的提示。照通常意义上讲，在建安

220年7月24日

220年8月12日

---

[1]《三国志》卷二《文帝纪》。

十一、禅让 / 291

时期，只有进入荆州作战，才会被定义为"南征"。而此时在荆州能够对曹军构成威胁的只有吴军。

正如前面所讲的那样，在建安二十四年末，孙、曹之间为了各自的利益，订下盟约。在樊城之围告解之时，曹操还担心前方将士会越境追击，与吴军发生不必要的摩擦，急派使者赶往前线，命令曹仁等按兵不动。并且，曹丕即位后，又令曹仁后撤，焚毁襄、樊二城，退守宛城（今河南南阳）。当然，此举在司马懿眼中，实在是没有必要，吴军北犯的可能性根本就不存在，而放弃襄、樊这样的军事重镇，实在可惜。而事实上，正如司马懿所料，不仅吴军没有北犯，从另外的记载中，我们还能发现，隶属于曹仁的满宠部一度出现在江陵，并且和吴军发生了正面的冲突。满宠属于曹操的"披荆棘吏"，他的部队应可视为曹军的嫡系。但此事件的来龙去脉不清，随后吴军并没有什么过激的表示，满宠则回兵驻屯于宛城以南的新野（今河南新野）。等到此地再起事端，已经到了七月。

《三国志》卷四七《吴主传》称：

> 魏将梅敷使张俭求见抚纳。南阳阴、酂、筑阳、山都、中庐五县民五千家来附。

唐人许嵩所撰《建康实录》则把五千家归附孙权视为梅敷所为，并且还给张俭安置了一个职务——南阳长史。而这个叫梅敷的人，从严格意义上讲，还不能算是曹军的将领。宋人王应麟在《通鉴地理通释》中称梅敷为"夷王",他在襄阳附近的柤中地区,聚民万余家,应是一个具有相当影响力的土著部落首领。照此说来,梅敷有资本,又占着地利,理应是孙、曹两家都拉拢的对象。而梅敷可能最终也没有投向孙权一方,否则日后孙吴对曹魏实施"谍报战"时,向时任曹魏东部战区长官大司马曹休透露的假作战计划中,就不会有讨伐梅敷一条。并且同年七月,孙权遣使奉献,仍旧要维持与曹氏的君臣关系。

如果抛去当时对"南征"方向的定义,回到更广泛意义上的南方概念上,在南部还可能出事的地方,就是居巢。自从曹操为向孙权表示诚意,从居巢撤防以后,原居巢诸军在摩陂阅兵之后,大多分散于许都附近郡县中,未见有回防的迹象。而此处在曹丕即位后,的确出现了战事。战事的起因是吴军过江,进占居巢以东的历阳(今安徽和县)。《三国志》中有"孙权复叛"的说法,大概也是指的这次事件。原本此战应交与夏侯惇负责,夏侯惇于四月去世,这便有了曹休被夺服,官拜镇南将军的事情发生。原居巢诸军中的张辽军亦从陈郡开拔,进驻合肥。此时的张辽已经升作前将军。但孙吴方面却对此事件表现冷淡,未能给我们提供丝毫信息。曹休受命南下,进展顺利,不仅击破历阳吴军,而且他的部队一度渡江,烧了吴军的芜湖大营。照此说来,曹休完全有能力控制局势。

襄、樊一线未告险情,居巢那里已风平浪静,曹丕缘何动了亲征的念头?到《资治通鉴》那里,便放弃了"南

十一、禅让 / 293

征"的说法，代之以"南巡"。大概《资治通鉴》的编撰者也在此陷入了困境，无法明晰曹丕此行的意图，便以当时本无事的态度加以结案了。曹丕"亲征"似乎是一个难解之谜。

就目前所见到的有限史料，曹丕此次"亲征"的行程大致可以做如下复原：

六月庚午日，曹丕率军离开邺城，南下。

之后，由黎阳（今河南浚县）渡河，在这里一度出现了调度失灵，渡河场面较为混乱。

220年8月22日　七月庚辰日，曹丕发令，令文大意是要求百官有司献言献策。发令地点不详。孙权遣使奉献，刘备部下孟达率众归降。

220年9月5日　七月甲午日，曹丕率军抵达谯县。到了老家，曹丕的心情大概不错，大飨六军及谯县的父老百姓，《魏书》所云"设伎乐百戏"，当是大飨中的节目。并且曹丕还专门发令，免除了当地两年的租税。

220年9月7日　丙申日，祭扫祖宗墓地。

八月，似仍驻谯县。据宋人洪适所撰《隶释》卷一九所录魏《大飨碑》，"延康元年八月旬有八日辛未"，曹丕行大飨之事。故有人认为，《三国志》所载七月大飨不成立[1]。而碑文又有让人疑惑的地方，单是"魏王龙兴践阼"，提的是不是有点早？曹丕还没有做皇帝，怎么能说

---

[1]（宋）赵明诚《金石录》卷二〇。

是"践阼"？如果置疑不论的话，从碑文的溢美之辞中倒可以看出曹丕此次"亲征"的规模，所谓"爰整六军，率匈奴暨单于、乌桓、鲜卑引弓之类，持戟百万，控弦千队。玄甲曜野，华旗蔽日"。碑文中也提到了此行的目的："赫王师，征南裔。"那就是要伐吴了。但同时也宣告不必攻城野战，目的就已经达到，还有了意外的收获，"故宽令西飞，则蜀将东驰；六旆南徂，则吴党委质"。这里所说的，应是七月孙权遣使，孟达归降之事。而且在酒宴欢歌之中，也无法让人感受到大战在即的气息。

另，《三国志》关于此月只记载一条："石邑县言凤皇集。"这里所说的石邑县（今河北鹿泉），位于今天太行山东麓，似乎是一个不起眼的小地方，这里有"凤皇集"，无非是给这一年无数的祥瑞之象，再"添砖加瓦"而已，但为什么《三国志》于他事不书，却只言此处？离石邑县不远，即它的东邻，就是真定，当年被黄巾设定为天下太平的归宿之地。真定附近出现了凤凰，这会让曹丕想到什么？而大飨之事，莫不就是因凤凰而设？"魏王龙兴践阼"，倒更像是应景的比附。

九月，不详。

十月癸卯日，曹丕发布殡祭阵亡士卒令。　　220年11月13日

十月丙午日，到达曲蠡（今河南临颍附近）。　　220年11月16日

既然在《大飨碑》那里，曹丕"亲征"已经演变成一种军事威慑，且目的已然达到，为什么还会出现十月癸卯令，这阵亡士卒又来自何方？如果曹丕果真率军一战，那

十一、禅让 / 295

么对手究竟是谁？战场又在哪里？意图何在？

就在这一年，曹军一支部队的异动，成为解决上述问题的关键所在。异动的那支部队，就是我们上面提到的满宠军，它离开新野驻地，突然出现在精湖。史称："大军南征，到精湖，宠帅诸军在前，与贼隔水相对。"[1]精湖，或称津湖，位于当时徐州南境，今江苏高邮湖的北部。贼，是魏对吴的蔑称。而且，日后曹丕故地重游，留下了自谯到广陵故城的路线图："以舟师自谯循涡入淮，从陆道幸徐。……行幸广陵故城，临江观兵，戎卒十余万，旌旗数百里。"[2]这下对手和战场都浮出了水面，对手是吴军，战场在精湖。

但孙吴何以"背信弃义"，再度来犯，非要和曹军主力过招呢？或者这只是吴军无数次越境袭扰中的一次，他们并没有在意，反倒是曹丕当真了，放弃了休闲娱乐，非要歼灭来犯之敌不可？如果真是吴军大举入侵，作为守土有责的地方官绝不会听之任之，必然会做出紧急处置，何须烦劳曹丕"亲征"？要知道管理徐州地界的地方官可是赫赫有名的臧霸。

臧霸在曹丕即位后，升作镇东将军，仍旧兼任徐州刺史，并且还被安排了一个新差事，"都督青州诸军事"。这应理解为臧霸在曹操那里获得的特权得到了新王曹丕的认

---

[1]《三国志》卷二六《满宠传》。
[2]《三国志》卷二《文帝纪》。

可。但此前发生在雒阳的臧霸别军"击鼓擅去",难道就对臧霸没有丝毫影响?"击鼓擅去"可以定性为叛乱,曹丕竟然会不予追究,变得大度起来?曹丕即位后的调弦校音,对于不谐和音符者,是要坚决去除的。元人郝经在他的《续后汉书》中讲"击鼓擅去"一节时,也言道:"丕外虽尊崇霸,而心常疑之。"从史料来源看,郝经讲"击鼓擅去"及以后事件,应取材于曹魏时期鱼豢所撰写的《魏略》,但目前所见《魏略》文字却没有郝经所写的那句话,不知郝经是另有所本,还是自己下的判断。但允许臧霸升官,且仍旧可以享受特权,这显然不像曹丕的作为。

而《魏略》在述及臧霸别军"击鼓擅去"之后所发生的事情,又颇值得条理一番。《魏略》云:

> 文帝(曹丕)即位,以曹休都督青、徐,霸谓休曰:"国家未肯听霸耳!若假霸步骑万人,必能横行江表。"休言之于帝,帝疑霸军前擅去,今意壮乃尔!遂东巡,因霸来朝而夺其兵。

首先需要说明的是,文中所讲的即位,是即魏王位,而非做皇帝。曹丕做皇帝,当称作"践祚"。其次,曹休"都督青、徐",是对其本官的必要补充。四月份曹休被任命为镇南将军,在沿江一线进行了一系列军事活动后,又升作征东将军,领扬州刺史。青、徐在曹魏统治区内属东部,征东将军"都督青、徐",指挥调度这一地区的军事力量，是曹丕信重曹休的表现。

更为重要的是，曹休的升职、对都督的执掌，分明是针对臧霸而来。在军中，征将军位在镇将军之上，仅此一点，镇东将军臧霸就要视征东将军曹休为自己的上级。更何况，曹休"都督青、徐"，实际上就等于取消了臧霸的"都督青州诸军事"。正因为此，臧霸受到触动，才会发出豪言壮语，而语意之中流露出的却是失望。

从曹休向曹丕转达臧霸之意，到曹丕"东巡"，一以贯之，此前的诸多不解或可消释：曹丕对于"击鼓擅去"事件并没有漠然视之。但要处置它，并不简单。正如我们前面讲过的那样，臧霸别军，还有那支青州军，不是单纯意义上的军队，它们有着"革命"的历史和宗教信仰。"击鼓擅去"的内在动因是天意所嘱的"魏公子"在当时出现了不确定性，"天下将乱"。如果曹丕即位后，将"擅去"定为叛乱，派军围剿，会适得其反，其直接的后果就是黄巾复起。这是曹丕所不愿意看到的结果。为求稳妥，新王的使者想必来到了青、徐，给那里的人们带去了"魏公子"是曹丕的消息，这是其一；其二，利用臧霸在青、徐地区的影响，确认臧霸的特权，加以优宠，亦是安抚青、徐的表现；其三，为防不测，任命曹休为东部地区的最高军事长官，牵制臧霸兵权。

这样看来，九月留下的历史空白上或许有着这样一行"足迹"：

曹休以东部地区最高军事长官的身份先行来到徐州，

以探虚实。臧霸感受到压力，认为此举是新王对他不信任的表现，于是，豪言可以"横行江表"。话传至曹丕耳中，曹丕为之震动，认为臧霸生变在即，立刻打着"东巡"的旗号，率曹军精锐进入徐地。臧霸来见，曹丕正式取消他的兵权。或臧霸为表诚心，自动交出兵权，也不是不可能的。徐州军也在本土亲眼见到了"魏公子"，此前疑虑会顿时烟消云散。随之，便发生了精湖之战。恐怕这是曹军蓄意挑起争端，诱吴军来犯，而充当"炮灰"的，很可能是臧霸的部队，即十月癸卯令中要求地方政府出面殡祭的阵亡士卒，借此来检验徐州军的忠诚度。此战发生，"东巡"转为"东征"，曹丕后在十月辛亥日再次发令，令文中有"且闻比来东征，经郡县，历屯田"云云。 220年11月21日

曹丕在六月发动的声势浩大的"南征"，在没有外敌大举入侵、孙权称臣、孟获来降的大好形势下，实际的假想敌就是青、徐。曹丕之所以长时间驻兵谯县，恐怕就是在密切观察青、徐动静，一旦有变，即付诸武力，并为求胜算，还集结了其他方面的部队，满宠军即是其中之一。"南征"是假，"东巡"为真，"东征"则有些临场发挥的意思了。

东巡结束，即位前的一切不稳定因素都得以化解，曹丕不复心存疑虑。但此次兴师动众的最终目的却不在于此。大军自徐土撤军，没有径自北还邺城，而是西进抵达许都附近的曲蠡。在到达曲蠡的第十日，即十月乙卯日， 220年11月25日
许都的汉献帝颁下禅位诏书。自此，同心之曲重新奏响，

汉魏政权进入实质性的交接过程中。

通过武功获得最大政治利益的做法,是曹丕从他老子那里继承下来的遗产。建安十三年,曹操为汉丞相,成为名正言顺的东汉帝国的执政者,而就在前一年,曹操北征乌桓;建安十八年,曹操为魏公,开始踏上他的建国之路,也就在这一年初,曹操还在同孙权作战;建安二十一年,曹操为魏王,前一年他西征张鲁,得了汉中。

而曹丕此番兴兵,时近半年,却使得"蜀将东驰","吴党委质",连那有着动乱苗头的青、徐之地,都在他的不动声色中,化干戈为玉帛。此时的曹丕大概会认为当年父王亲临战阵,有些落伍了,用他自己的话来说:"坐而降之,其功大于动兵革也。"[1]更何况,这是有德的人才能做到的,而曹丕做到了。环视天下,海内归一在即,天下太平有望,应天受命,"遵舜、禹之轨",已然水到渠成。汉献帝的禅位诏书便适时地颁布了。负责撰写诏书文字的是卫觊,这位曾经的魏尚书,在曹丕做魏王后不久,就被派到许都,穿上汉官衣,以在这一天到来时,奉献上锦上添花之笔。

在乙卯日之后的半个月时间里,先是原五斗米道的高层人物李伏上表重述"魏公子"得天下,是神之所命。曹丕将李伏的文章交付公议,随后便是群臣劝进之声一浪高过一浪,这里面,专家级的人物在讲理论,像太史丞许芝

---

[1]《三国志》卷二《文帝纪》注引《魏书》。

搜罗了所有有关以魏代汉的谶语符命，以及天象变化；经学博士苏林、董巴则谈十二次和分野，即从天空区域和州郡地区对应的角度，发现曹家的发家轨迹与岁星出现在大梁有着惊人一致。岁星，即木星，大梁为十二次之一，对应的州郡即冀州。并且指出，建安二十五年"岁复在大梁"，言外之意，就是曹丕如果错过了，只有再等十二年，才能做皇帝。其他人等，则是众口一词，汉政昏乱，气数已尽，大魏圣明，快些应天受禅吧！曹丕似乎已经沉浸在这美妙的情景中，难以自拔了，以至于当臣下告诉他，太史丞许芝已经算出了代汉的吉日，即十月十七日，那就赶紧设个坛场，受命登基吧！曹丕竟大笔一挥："便设坛场，斯何谓乎？"[1]直到十月行将过去，吉日也只剩下一个——十月二十九日，臣下再奏请速登帝位的时候，曹丕这才干脆地发出一字令："可。"

延康元年十月辛未，在繁阳（今河南临颍繁城镇）设坛，曹丕登坛受禅，即皇帝位，东汉即刻寿终正寝。表演完毕，曹丕再也无法掩饰自己的喜悦之情，对自己的臣僚说："舜、禹之事，吾知之矣。"[2]而一直为古圣先哲所倾羡的那种理想的政权更替模式——禅让，在220年即将结束的时候，沦为曹丕的道具。是年改元黄初。

220年12月11日

次年，刘备称帝于蜀，改元章武。

---

[1]《三国志》卷二《文帝纪》注引《魏书》。
[2]《三国志》卷二《文帝纪》注引《魏氏春秋》。

有趣的是，孙权听说曹、刘两家都做了皇帝，很是急躁，忙着找自己能称帝的证据，但直到222年，孙权才如愿以偿，改元黄武。称帝则拖到了七年以后。

一个天子的退位，换来了三个天子的即位，这天下是分成了三份，还是变成了三个天下？容后道来。

本书大事记

189年，东汉灵帝中平六年\少帝光熹元年\昭宁元年\献帝永汉元年[1]

东汉灵帝刘宏驾崩。朝中以袁绍为首的激进派官僚希望借助外戚大将军何进实现诛除宦官的计划。因何进的迟疑，计划实行得一波三折，后何进被宦官所杀，直接导致雒阳政变爆发，宦官遭到血洗。由袁绍设计、何进招来的胁迫何太后的外军力量之一董卓失控。董卓反客为主，操纵朝政，废少立献，致使政治危机愈加深重。袁绍、曹操、袁术等逃离雒阳。

190年，献帝初平元年

讨伐贼臣董卓的关东联盟成立，袁绍被推举为盟主。

---

[1] 刘辩于189年5月15日即位，改元光熹。经历雒阳政变后，刘辩于9月25日还宫，改元昭宁。9月28日，董卓废少立献，改元永汉。190年2月，诏除光熹、昭宁、永汉三号，复还中平六年。

董卓以鸩杀废少帝刘辩，屠戮配合关东联盟的朝臣及在京袁氏族人，迁都长安，火烧雒阳等暴行做出回应。并派出韩融、胡母班等五位招安大使，试探关东联盟的真实意图。关东联盟诸成员在势利的诱惑下，鲜有奔赴国难之义举。

191年，初平二年

袁绍、韩馥拥戴刘虞为帝，以此否定献帝，遭刘虞拒绝。关东联盟解散，彼此间的兼并争斗随之展开。袁绍取代韩馥入主冀州。

192年，初平三年

王允联合吕布诛杀董卓成功，但处理凉州军善后问题不利，致使李傕、郭汜、樊稠、张济等凉州军将领率部反攻长安，王允被杀，吕布逃脱。马日磾、赵岐出使关东。曹操入主兖州，于济北一役，收编黄巾，组建青州军。毛玠提出"奉天子"构想。

194年，兴平元年

张邈、陈宫迎吕布，发动兖州事变，曹操几无立足之地。

195年，兴平二年

长安凉州军内讧，献帝东归。袁绍未采纳沮授所提出的"挟天子"主张。曹操收复兖州。

196年，建安元年

曹操"奉天子"都许。

197年，建安二年

袁术称帝，建号称仲氏。

198年，建安三年

凉州军将领李傕、郭汜等被杀，标志着影响汉末政治走向十年之久的政治力量退出历史舞台。曹操擒杀吕布、陈宫，降臧霸等，并赋予臧霸青、徐二州自治权。

199年，建安四年

张绣听取了贾诩建议，再降曹操。袁绍、曹操对峙于官渡。

200年，建安五年

衣带诏泄露，董承等被杀。官渡之战，曹操胜，袁绍败。孙策死，孙权接管江东。

201年，建安六年

司马懿拒绝曹操辟命。

202年，建安七年

袁绍病死。

203年，建安八年

为表彰荀彧的功绩，曹操专门上表为荀彧请封。曹操颁布《论吏士行能令》。

204年，建安九年

曹操攻占邺城，领冀州牧，让还兖州。曹操军府移置邺城。

205年，建安十年

曹操颁布《整齐风俗令》，旨在打击结党营私，整顿社会风气。

207年，建安十二年

曹操北征乌桓。

208年，建安十三年

曹操为丞相。司马懿入曹操军府，为文学掾。赤壁之战，曹操败，孙、刘联军胜。

210年，建安十五年

曹操颁布《求贤令》《让县自明本志令》。铜雀台建成。

211年，建安十六年

曹丕出任五官中郎将，为丞相副。曹操西征。刘备率军入蜀。

212年，建安十七年

董昭就曹操进爵国公、九锡备物进行民意调查和筹备。

213年，建安十八年

曹操为魏公，加九锡。魏国设尚书、侍中、六卿。

214年，建安十九年

刘备克成都，遂有益州。曹操颁布《敕有司取士勿废偏短令》。

215年，建安二十年

孙、刘在荆州问题上，采取东西分治。曹操西征，占汉中，降张鲁，五斗米道众内迁。

216年，建安二十一年

曹操为魏王。严才造反。

217年，建安二十二年

曹操颁布《举贤勿拘品行令》。曹操正式宣布立曹丕为太子。

218年，建安二十三年

金祎、吉本、耿纪、韦晃等发动许都暴动。曹操颁布《终令》，选定西门豹祠西原上为寿陵。

219年，建安二十四年

夏侯渊战死，刘备夺取汉中，为汉中王。关羽发起樊城战役，水淹七军，于禁投降。魏讽暴动。陆浑民变。曹操与孙权结盟，关羽遭吴军奇袭，败亡。

220年，建安二十五年\延康元年\魏文帝黄初元年

曹操病逝。臧霸别军与青州军击鼓擅去，曹彰有意扶助曹植即位，变乱一触即发。在贾逵、司马懿、夏侯尚等人扶助下，曹丕涉险过关，即魏王位。经南巡、东征，解除青、徐隐患，遂在群臣劝进声浪中，于许都近郊登坛，与汉献帝演成禅让之礼，实现汉魏政权交替。

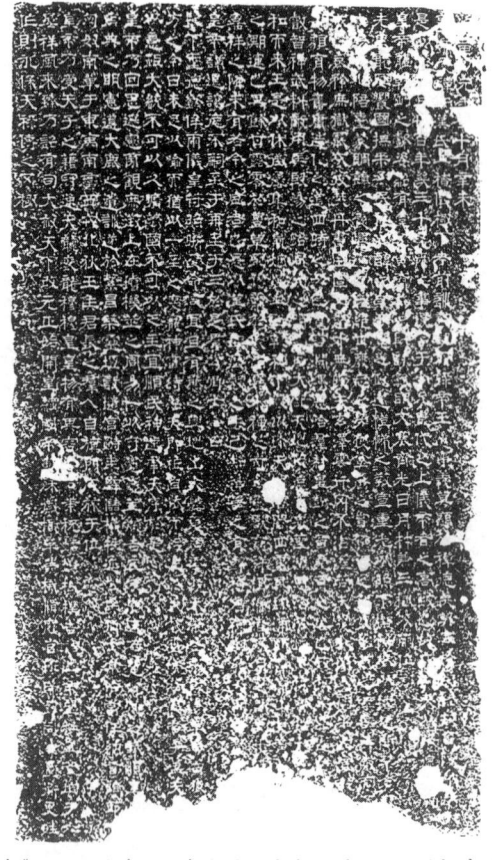

《受禅表》，三国魏黄初元年十月二十九日刻。石立于河南临颍。拓片额高37厘米，宽17厘米；身高189厘米，宽108厘米。隶书。传为梁鹄或钟繇书。额为阳文篆书。见北京图书馆金石组编《北京图书馆藏中国历代石刻拓本汇编》第二册，中州古籍出版社，1989年。

参考文献

一、基本文献

（汉）班固撰、（唐）颜师古注《汉书》，中华书局点校本，1962年。

（南朝宋）范晔撰、（唐）李贤等注《后汉书》，中华书局点校本，1965年。

王先谦撰《后汉书集解》，中华书局，1984年。

周天游辑注《八家后汉书辑注》，上海古籍出版社，1986年。

（清）汪文台辑、周天游校《七家后汉书》，河北人民出版社，1987年。

（晋）袁宏撰、周天游校注《后汉纪校注》，天津古籍出版社，1987年。

（清）孙星衍等辑、周天游点校《汉官六种》，中华书局，1990年。

（晋）陈寿撰、（南朝宋）裴松之注《三国志》，中华书局点校本，1987年第2版。

（清）赵一清撰《三国志注补》，《续修四库全书》据辽宁省图书馆藏1935年北京大学影印清广雅书局本影印，上海古籍出版社，2002年。

（清）洪饴孙撰《三国职官表》，《二十五史补编》据开明书店原版重印，中华书局，1955年。

卢弼集解《三国志集解》，中华书局，1982年。

杨守敬等撰《水经注疏》，《杨守敬集》第3、4册，湖北人民出版社，1988年。

杨守敬等编绘《水经注图》，《杨守敬集》第5册，湖北人民出版社，1988年。

（北魏）郦道元著、陈桥驿校证《水经注校证》，中华书局，2007年。

（唐）房玄龄等撰《晋书》，中华书局点校本，1974年。

（后晋）刘昫等撰《旧唐书》，中华书局点校本，1975年。

（宋）欧阳修、宋祁撰《新唐书》，中华书局点校本，1975年。

（清）汤球、黄奭辑，乔治忠校注《众家编年体晋史》，天津古籍出版社，1989年。

（清）汤球辑、杨朝明校补《九家旧晋书辑本》，中州古籍出版社，1991年。

（宋）司马光编著《资治通鉴》，中华书局点校本，1956年。

（清）严可均辑《全上古三代秦汉三国六朝文》，中华书局，1958年。

逯钦立辑校《先秦汉魏晋南北朝诗》，中华书局，1983年。

余嘉锡笺疏，周祖谟、余淑宜等整理《世说新语笺疏》，中华书局，1983年。

（南朝梁）萧统编、（唐）李善注《文选》，中华书局，1977年。

（三国）曹操《曹操集》，中华书局，1974年。

俞绍初辑校《建安七子集》，中华书局，2005年。

（唐）欧阳询撰、汪绍楹校《艺文类聚》，上海古籍出版社，1982年。

（唐）魏徵等撰《群书治要》，商务印书馆丛书集成初编本，1936年。

（宋）李昉等撰《太平御览》，中华书局据上海涵芬楼影印宋本复制重印，1960年。

（宋）赵明诚撰、金文明校证《金石录校证》，广西师范大学出版社，2005年。

（宋）叶适《习学记言序目》，中华书局，1977年。

（明）王世贞撰《弇州续稿》，台湾商务印书馆影印文渊阁四库全书本，第1284册。

（清）顾炎武著、（清）黄汝成集释《日知录集释》，岳麓出版社，1994年。

（清）何焯著、崔高维点校《义门读书记》，中华书局，1987年。

（清）赵翼著、王树民校证《廿二史札记校证》，中华书局，1984年。

《道藏》，文物出版社、上海书店、天津古籍出版社，1988年。

二、今人论著

唐长孺《魏晋南北朝史论丛》，生活·读书·新知三联书店，1955年。

何兹全《魏晋的中军》，见何兹全《读史集》，上海人民出版社，1982年。

唐长孺《魏晋南北朝史论拾遗》，中华书局，1983年。

张可礼编著《三曹年谱》，齐鲁书社，1983年。

贺昌群《英雄与名士》，见贺昌群《贺昌群史学论著选》，中国社会科学出版社，1985年。

杨鸿年《汉魏制度丛考》，武汉大学出版社，1985年。

刘九生《黄巾口号之谜》，《陕西师范大学学报》（哲学社会科学版）1985年第2期。

余英时《汉晋之际士之新自觉与新思潮》《名教思想与魏晋士风的演变》，见余英时《士与中国文化》，上海人民出版社，1987年。

祝总斌《两汉魏晋南北朝宰相制度研究》，中国社会科学出版社，1990年。

方诗铭《曹操与"白波贼"对东汉政权的争夺——兼论"白波"及其性质》，《历史研究》1990年第4期。

余英时《汉朝的对外关系》，见（英）崔瑞德、（英）鲁惟一编，杨品泉等译《剑桥中国秦汉史》，中国社会科学出版社，1992年。

田余庆《秦汉魏晋史探微》，中华书局，1993年。

马植杰《三国史》，人民出版社，1993年。

方诗铭《黄巾起义先驱与巫及原始道教的关系——兼论"黄巾"与"黄神越章"》，《历史研究》1993年第3期。

顾颉刚《五德终始说下的政治和历史》，见顾颉刚《顾颉刚古史论文集》第3册，中华书局，1996年。

方诗铭《曹操·袁绍·黄巾》，上海社会科学院出版社，1995年。

陈勇《董卓进京述论》，《中国史研究》1995年第4期。

陈勇《董卓、曹操与汉魏皇权》，见中国魏晋南北朝史学会编《魏晋南北朝史研究》，湖北人民出版社，1996年。

钱穆《国史大纲》，商务印书馆，1996年。

阎步克《士大夫政治演生史稿》，北京大学出版社，1996年。

王晓毅《王弼评传》，南京大学出版社，1996年。

顾颉刚《曹丕的受禅》，见顾颉刚《秦汉的方士与儒生》，上海古籍出版社，1998年。

陈勇《"凉州三明"论》，《中国史研究》1998年第2期。

陈启云著、高专诚译《荀悦与中古儒学》，辽宁大学出版社，2000年。

陈启云《中国古代思想文化的历史论析》，北京大学出版社，2001年。

汤用彤《王弼之〈周易〉、〈论语〉新义》，见汤用彤《魏晋玄学论稿》，上海古籍出版社，2001年。

王晓毅《儒释道与魏晋玄学形成》，中华书局，2003年。

姜生《曹操与原始道教》，《历史研究》2011年第1期。

钱国祥《东汉洛阳都城的空间格局复原研究》，《华夏考古》2022年第3期。